고객
만족의
정석

고객 만족의 정석

강희선 지음

20년 현장의 고수가
짚어주는
리얼 마케팅 기술

영진미디어

목차

일러두기
• 고객서비스를 위한 실용적인 조언을 'tip'으로 정리하였습니다.
• 생소한 단어, 구체적인 설명을 위해 'dictionary'를 제시하였습니다.

머리말

    그동안 각종 기업에서 서비스에 관한 강의를 하며 다양한 사람들을 만났습니다. 일과 관련된 만남에서는 상대방이 어떤 사람인지 바로 판단하긴 어렵지만 대화하다가 습관적인 행동, 무의식적으로 타인을 대하는 태도를 보면서 본 모습을 발견하곤 합니다.

    하루는 어느 회사에서 강의를 시작하기 전에 강의 관련 관리자와 회의실에서 차를 마시고 있었습니다. 대화 도중 다른 직원이 잠시 들어와서 관리자와 업무 이야기를 나눴습니다. 관리자가 어린 직원에게 안부를 물어보며 상냥하게 대하는 모습이 제3자인 제 눈에도 따뜻하게 느껴져 보기 좋았습니다. 반면, 비슷한 상황에서 다른 회사의 관리자는 실망스러웠습니다. 메모를 전달하러 온 직원을 바라보는 표정부터 굳어 있고 고압적인 태도였습니다. 제게는 친절했습니다. 하지만 직원에게는 180도 돌변한 태도 때문에 그 관리자와 회사까지 신뢰하기 힘든 인상을 받았습니다.

    '관리자는 군림하기 위한 존재'라 생각하고 행동하는 기업은 궁극적으로 고객의 마음을 얻을 여러 가지 기회를 상실하게 될 것입니다. 대기업 일가의 갑질, 회사 임원의 운전기사 상습 폭행 등은 많은 사람에게 지탄받았습니다. 대리점 갑질로 낙인이 찍힌 어떤 기업은 일이 발생한 지 수 년이 지났지만 '갑질 기업'의 오명을 벗지 못하고 신제품 판매에도 고전하고 있습니다.

고객에게 한 번 찍히면 끝입니다.

여론의 뭇매를 맞은 기업은 고객에게 외면당할 뿐만 아니라 제품 불매운동으로도 번지게 되며 이후 기업의 이미지 회복에 어려움을 겪습니다. 소 잃고 외양간 고치는 것보다 처음부터 착한 기업과 착한 직원이 된다면 고객에게 기회를 얻고 사랑받을 수 있습니다. 기업은 고객의 평판에 의해 생존한다는 것을 기억하면 좋겠습니다.

기업뿐만 아니라 고객도 마찬가지입니다. '고객은 왕이다'라는 말은 이제 구시대적인 생각임을 때때로 확인할 수 있습니다. 직원을 함부로 대하는 손님이 비난받는 것이 그 이유입니다. 나에게 서비스를 제공하는 직원이 업무를 마친 후 퇴근길에 저녁을 먹으려고 식당에 간다면 그 직원은 고객의 입장에 서게 됩니다. 불과 10분 전에는 직원이었던 사람이 다른 곳에선 고객입니다. 서비스를 주고받는 주체는 언제나 바뀔 수 있습니다. 그렇기에 경영자, 직원, 고객 누구든 사람 사이의 관계에서는 친절해야 합니다. 모든 사람이 서로 상냥하게 대하면 사소한 일로 얼굴을 붉히지 않아도 될 것입니다.

이 책은 20여 년 동안 제가 현장에서 직접 경험하고 교육했던 자료의 집약체입니다. '고객만족의 정석'으로 실질적인 지침서가 될 수 있는 내용으로 구성했습니다.

- 1장에서는 고객중심경영과 고객 맞춤 서비스의 중요성을 인식할 수 있도록 우수기업의 성공 사례와 비법을 정리하였습니다.
- 2장에서는 구체적인 서비스 실천 전략을 제시했습니다. 현장직원이 갖추어야 할 태도, 고객 성향에 따른 판매서비스를 단계별로 알 수 있습니다.
- 3장에서는 불만고객도 긍정적인 대상으로 인식하여 직원이 두려움 없이 응대할 수 있는 불만고객 응대 요령에 대해 소개했습니다.
- 4장에서는 직원이 즐거운 직장 생활을 할 수 있도록 도움을 줄 수 있는 내용을 담았습니다. 악성고객에 따른 고충을 공감하고 감정노동자의 이해, 기업의 직원 사랑에 대한 내용을 확인할 수 있습니다.

이 책은 경영에서 기본적으로 갖추어야 할 고객중심 조직 수립에 대한 지침을 제공합니다. 고객만족 마케팅 및 서비스 부문 관리자, 고객 응대 담당자, 조직의 이미지를 업그레이드 하고 싶은 기업, 서비스 능력을 키우고 싶은 CS 컨설턴트, 경영 평가에서 지속적으로 낮은 평가를 받아 고민하고 있는 기업에게도 좋은 활용서가 될 것입니다. 제시된 실제 사례를 보면서

여러분의 현장 업무에 적용하여 실전감각을 익히고 기업과 직원들을 위한 차별화된 전략을 수립하는 데 도움이 되었으면 합니다.

탈고하고 나니 시원섭섭한 마음이 듭니다. 원고를 쓰며 저 자신에게도 만족스러운 결과를 선보여야겠다는 욕심에 가진 지식을 모두 쏟으려 노력했습니다. 아쉽게 싣지 못한 사례도 있고, 독자 여러분께 제 마음이 잘 전달되었을까 염려되기도 합니다. 내용상 다소 미흡한 부분에 대해 지적해 주신다면 고맙겠습니다. 더 채워야 할 내용은 현장에서 여러분들을 만나 말씀드리기로 하겠습니다.

감사합니다.

강희선

1장 성공을 부르는 우수기업의 키워드

고객만족경영은 우수기업의
생존전략입니다. 고객만족경영은
경영의 모든 부분을 고객의
입장에서 생각하며 운영하는
것입니다. 1장에서는 성공기업의
실제 성공사례를 통해서 고객의
의미와 기본 서비스의 중요성을
생각해 봅니다.

고객의 인생에 전환점을 선사하다

제가 근무했던 철도 회사에서 있었던 직원의 이야기입니다.
서울역을 출발한 기차가 부산을 향하고 있었습니다.
승객 중에서 유독 슬픈 얼굴로 앉아 있는 한 여성이 눈에
띄었습니다. 그 승객은 큰 상념에 잠겨 있는 것 같았습니다.
마침 첫 칸부터 차례대로 기차 순회서비스(walk around)를
하던 직원이 그 승객을 보았습니다. 순간 무슨 일이 있는 것은
아닌지 어떤 말이라도 건네 보고 싶었으나 승객의 모습은 차마
말을 건넬 수 없을 정도로 슬퍼 보였습니다. 잠시 망설이다
아쉽게도 말 한마디 하지 못한 채 종착역인 부산까지 도착하게
되었습니다. 직원은 그 승객을 계속 지켜보았지만 무어라 말을
하지 못한 게 못내 죄송했습니다. 부산역에 도착하고 플랫폼에
내려서 배웅인사를 하는 직원은 저 멀리서 고개를 숙이고
힘없이 걸어오는 승객을 마주하게 되었습니다. 늘 그렇듯이
고객에게 '안녕히 가세요, 감사합니다'라고 일반적인 배웅
인사를 하던 직원은 그 순간을 놓치지 않고,
"고객님, 부산 날씨가 참 춥네요. 따뜻하게 입으셨으면 좋았을
텐데요"라며 다정한 목소리로 말을 건넸습니다. 그리고 저는
"다음에 또 뵙도록 하겠습니다. 잘 다녀오세요" 하고 따뜻한
마음을 담아서 마지막 인사를 했습니다.
어느 날, 고객센터에 한 통의 사연이 도착했습니다. 며칠
전 슬픈 얼굴을 하고 있던 여성이 직원에게 보내는 감사의
내용이었죠.

"더 이상 살고 싶지 않아 자살을 결심했고 그래서 부산으로
가는 기차를 탔습니다." 이런 내용으로 시작한 글은 당시
승객의 상황이 얼마나 심각했는지를 짐작하게 했습니다.
"그런데 기차에서 내려서 마주한 직원의 따뜻한 미소와 배웅
인사를 받고 뒤돌아 걸어오는 순간 기분이 참 묘했습니다.
'내가 지금 무슨 생각을 하고 있는 건가? 왜 이러고 있는
것인가? 이 세상은 아직 살 만한데……'라는 생각이 드는
겁니다. 복잡한 마음을 정리하고 다시 서울로 올라와서 그날을
돌이켜보았습니다. 분명 그 직원이 건넨 따뜻한 인사와 친절한
모습 때문에 마음을 바꿀 수 있었다는 생각이 들었습니다."
만약 그때 직원을 만나지 못했더라면 이 세상에 없었을지도
모른단 생각에 진심으로 감사하다는 내용이 적혀 있었습니다.

저는 현장에서 직원들에게 교육을 할 때마다 '친절은 생명이다'
라는 말을 종종 해왔습니다. 하지만 친절하게 대하면 고객의
생명을 살린다고 교육하는 게 억지스럽고 과장된 표현은
아닌지 염려가 되기도 했습니다. 그러나 위 사례를 접하고
난 후로는 직원이 따뜻한 마음을 표현하면 고객의 생명을
살릴 수도 있다는 확신을 갖게 되었습니다. 고객에게 진심으로
대하고 마음을 표현하면 어떤 고객에게는 인생의 전환점이
될 수 있다는 점에서 위 사례는 저에게 서비스교육에 대한
사명감을 느끼게 만들어 주었습니다.
이번 장에서는 그런 마음과 확신을 가지고 고객의 개념과
서비스, 고객만족경영에 대해서 알아보겠습니다.

1. 고객의 잠재적 욕구를 파악하라

2018년, 미국 PEW 리서치 센터 조사에 따르면 한국의 휴대 전화 보급률은 100%에 달하며 스마트폰 보급은 94%로 나타났다. 전 세계 1위를 기록한 수치다. 스마트폰은 어느새 사람들의 가장 친한 친구가 되었고, 잠을 자는 순간까지 스마트폰을 껴안는 일상이 자연스러워졌다. 스마트폰의 대중화와 나아가 1인 가구, 맞벌이 부부 증가의 사회 현상은 모바일 쇼핑의 매출을 높였다.

모바일, 온라인 시장 점유율이 점점 높아지고 있는 상황에서 백화점과 대형마트가 대단한 변신을 시도하여 주목받지 못한다면 온라인의 성장을 막기 어려울 것이다. 개점과 폐점 시간의 제한이 없는 온라인 영역에서 자유롭게 쇼핑을 즐기는 고객에게 집중하는 동시에 매력적인 오프라인에서도 고객을 유인할 수 있는 새로운 비즈니스 모델을 만들어 내야 한다.

미국 최대의 전자상거래 기업인 '아마존'은 2016년 12월, 계산대와 계산원이 없는 무인 슈퍼마켓을 열었다. 시범으로 운영하다 2018년 1월, 일반 고객에게도 개방했다. 아마존 홈페이지 회원 가입을 하고 스마트폰에 애플리케이션을 다운로드한 후, 앱을 켜서 매장으로 들어가면 된다. 사고 싶은 상품은 천장에 있는 카메라와 블랙박스 센서가 자동으로 인식하고, 앱과 연결된 신용카드가 상품을 결제한다. 고객들이 계산대 앞에 줄을 설 필요가 없기 때문에 계산대 근무 직원은 없다. 무인매장에서 스스로 원하는 상품을 사면 끝이다. 한편으론 계산원 340만 명의 일자리가 위협받게 되었다. 한국에서도 유사한 현상을 쉽게 볼 수 있다. 주차장에서도 기계를 작동시키는 도우미 직원을 제외하고 무인 시스템으로 운영된다.

고객의 변화와 기대에 부응하지 못한다면 고객에게 외면당하는 것은 순식간이다. 기업은 변화하는 시대 흐름에 맞추고 고객의 기대를 뛰어넘는 창의적인 발상과 서비스를 해야 살아남을 수 있다. 그렇지 않으면 전통적이고 유수한 기업도 역사 속으로 쓸쓸히 사라질 수밖에 없다. 다음은 오랫동안 존재하리라 믿어 의심치 않았던 전통 기업이 사라지게 된 실제 사례다.

100년 역사를 자랑해도 방심하지 않는다

서울 종로 1가와 2가, 종각 근처를 지날 때마다 아직 종로서적을 떠올리는 사람이 많을 것이다. 그만큼 종로서적은 많은 이들의 기억에 있는 서점이다.

'종로서적(1907년~2002년)'은 대한민국 서점계의 정신적 지주로 유명세를 떨쳤던 곳이다. 그 당시 휴대전화가 없어도 종로서적에서 기다리다 보면 자연스럽게 친구와 만날 수 있었다. 시민들에게 종로서적 자체가 대표적인 약속장소였던 것이다. 그러나 많은 사람들에게 추억을 심어준 종로서적이 역사와 전통을 뒤로한 채

2002년, 기억의 저편으로 사라졌다. 한 기업이 오랜 역사 끝에 문을 닫아야 하는 까닭은 복합적이고 다양할 것이다. 종로서적이 더 이상 경영을 하지 못한 이유도 여러 요인이 있을 것이나, 신생 대형서점이 속속 등장하여 근본적인 변화를 꾀해야 할 시점에서 나날이 높아져가는 고객의 기대와 환경 변화에 미처 발 빠르게 대응하지 못한 것이 가장 큰 이유일 것이다.

2000년대 초, 여러 대형서점은 책을 판매하는 서점의 기본 핵심기능을 기반으로 하여 탈바꿈을 시작했다. 건물을 대형화하여 주차 공간과 엘리베이터 시설을 갖추었고, 감미로운 음악과 향기가 가득한 차와 함께 편안한 휴식을 취할 수 있는 실내 공간을 마련하여 고급화를 시도했다. 또한 상품을 보다 다채롭게 구비하여 한 공간에서 고객이 원하는 상품을 구매하기 편리하도록 시스템을 구축했다. 일명 '원스톱' 환경 유지에 총력을 기울인 것이다. 그중 한 서점은 고객 구성원에 따라 책을 배가(책을 서가에 꽂음)하여 진열하고 도서 분류를 세분화하여 종류가 점차 다양해지는 도서를 고객이 쉽게 찾을 수 있도록 했다.

이런 변화 속에서 고객이 더 편리하고 아늑한 복합 문화공간을 기대하는 것은 당연한 수순이다. 고객들은 더 좋은 서비스와 편리한 환경을 구축한 서점으로 점점 눈과 발길을 돌리기 시작했다. 하지만 종로서적은 변화보다는 전통을 고수하는 방식을 유지했다. 조금씩 변화를 해도 그 속도가 더뎠다. 타 서점의 편리함을 이미 경험한 고객들은 종로서적에 대한 체감만족도가 낮을 수밖에 없었다. 급변하는 주변 환경 속에서 종로서적은 추억 속에만 남게 되었다.

고객의 기대를 외면하지 않는다

산업 발전, 전자 시스템화에 따라 고객도 기계 조작에 능숙해져야 하는 시대가 왔다. 대표적인 예로 셀프 오더링 시스템(Self Ordering System)이 있다. 요즘 패스트푸드 매장에서는 입구에 입간판처럼 셀프 오더링 시스템을 설치했다. 줄을 서서 한참을 기다리며 음식을 기다리는 것보다 시스템의 설명대로 주문하고 자신의 순서가 되면 음식을 가져오는 방식이 훨씬 편하다고 느낀다. 패스트푸드 매장뿐만 아니라 많은 사람이 모이는 고속도로 휴게소까지 퍼지고 있어 점차 익숙한 문화로 자리 잡힐 것이다.

시대 흐름에 따라 변화하지 않으면 기업은 자연스럽게 도태된다. 고객의 기대도 자연스레 변화하기 때문에 그에 맞춰 기업 시스템이나 서비스도 발전해야 한다. 고객의 요구와 필요를 즉각적으로 파악하지 못하고 안일하게 생각하며 안주하면 안 된다. 이런 태도가 누적되면 그 모습은 고스란히 소비자에게도 전달되어 자연스럽게 경쟁에서 밀린다. 경쟁에서 밀려 고객에게 외면받은 기업은 매출이 하락하고 경영난에 허덕일 수밖에 없다.

아무리 명성이 높고 오래된 전통을 자랑하는 기업이라고 해도 경쟁사에 비해서 고객들이 지속적으로 불편함을 호소하거나 변하는 시대흐름을 미처 따라가지 못한다면 고객은 불만이 생긴다. 노력 없이 현재의 명성만 누리려고 한다면 그것은 오만으로 느껴질 수 있다. 고객의 기대를 꾸준히 파악하고 개선해야 기업이 발전할 수 있다.

오래 생존하고
고객에게 사랑받는 기업의 비결

✔ **변화하는 시장 환경에 주목한다**

시장의 환경이 급변하는 상황에서 고객의 세분화되고 복잡한 니즈와 다양한 변화를 관찰한다.

✔ **고객에게 집중한다**

기대치는 고객마다 다르기 때문에 각각의 고객에게 맞는 고객서비스가 구현되어야 한다. 예를 들어, 한 대형서점에서는 1:1 고객 맞춤 도서 정보를 제공하는 '북마스터 제도'를 실시했다. 뿐만 아니라 고객의 작은 소리도 소중하게 듣고 개선하겠다는 '서비스품질 보증제도'도 운영했다.

✔ **꾸준히 서비스를 확인하며 불만요인을 없앤다**

불만요인을 없애지 않으면 사소한 불만도 빠르게 확산되어 크게 느껴진다. 고객이 불편하다고 느끼는 점은 무엇인지 지속적으로 점검하고 개선해야 한다.

✔ **비즈니스 모델을 통한 수익을 창출한다**

시대흐름에 맞게 고객만족을 높이려면 고객의 니즈 변화에 맞춰가야 한다. 새로운 비즈니스 모델을 통해 수익을 창출하는 것이다. 경쟁사보다 앞서 나가기 위한 서비스 요소를 발굴하고 노력하는 모습이 지속적으로 고객의 사랑을 받는 기업으로 남는 비결이다.

2. 성공하는 기업의 비결은 '정직'

실수도 시인하는 태도

기업의 상품이나 서비스가 잘못되었다면 제품을 회수하고 대책을 마련해야 하지만, 이를 묵인하려는 기업들이 있다. 주가 폭락, 매출 손해, 기업 이미지가 추락할 것에 대한 불안함으로 바로 결정을 하지 못하는 상황일 수도 있다. 그러나 기업의 실수가 명백함에도 관심이 사그라지기만 기다리고 아무런 대응을 하지 않는다면 장기적으로 보았을 때 기업은 더 지탄을 받게 된다.

::

국내 외제 자동차 업계에서 8년 연속 1위를 차지했던 회사가 2018년 한 해 50여 건의 차량 화재로 기피 대상이 되었다. 국토교통부는 해당 자동차 회사가 차량 결함을 숨기고 고객의 차량에 대해 늦게 대처했다고 판단, 과징금 112억 원과 검찰 고발 등의 조처를 했다. 회사 입장에서는 갑작스러운 사태에 대해

발 빠른 조치를 하려고 노력했겠지만, 그 과정에서 차량의 연이은 화재는 고객의 우려를 확산시켰다. 늦은 대처라는 비난, 매출 하락을 피할 수 없게 되었다.

::

한 건강식품 업체가 출시한 제품에 원래 넣어야 하는 원료가 아닌 유사 원료를 넣은 사실이 적발된 일이 있었다. 이 제품을 구매한 고객들 사이에서는 '가짜' 건강식품이므로 건강기능식품에 관한 법률에 위반되지 않느냐며 한바탕 혼란에 빠졌다. 결국 사건이 알려진 두어 달 후 제조 회사는 고의성이 없다고 무혐의 처분을 받았다. 인체에 해롭지 않다고 판명난다 하더라도 제품 검증에서 최종 결론에 이르는 공방을 펼치는 동안 기업은 주가 폭락에 신뢰도도 깎였다.

이렇게 조금이라도 의심이 가거나 확실하지 못한 성분을 제품화하는 일은 없어야 할 것이다. 가짜 원료 논란으로 고객들은 해당 제품을 판매한 홈쇼핑 업체 측의 보상책에 귀추를 주목했다. 하지만 일정 시간이 지나도 보상책을 발표하지 않자 제품 환불은 물론이고 위자료까지 청구하기 위해 피해자 모임을 결성하여 민·형사상 소송을 제기하기에 이르렀다.

기업 입장에서는 전액 환불 조치를 할 경우 영업에 타격을 입는 것은 불 보듯 뻔한 일이기에 환불정책을 수립하기란 말처럼 쉬운 일은 아닐 것이다. 제품 전액 환불을 하겠다는 업체, 일정 부분만 보상하겠다는 업체 등 대안을 마련하는 기업들이 있는 반면, '시간 끌기', '버티기' 식으로 대응하는 기업도 있다.

진실을 은폐한 기업의 최후

고객들은 정직하지 못한 기업에겐 냉철하게 반응한다. 사건이 발생했을 때, 소비자를 위한 움직임이 아닌 기업의 이익만을 생각하는 모습이 보이면 즉시 소송에 착수하거나 기업을 응징하려는 움직임을 보인다. 소셜 미디어 시대의 고객은 정보를 즉각적으로 공유하여 소통하고 결집력 또한 강하다. 그렇기 때문에 잘못된 기업이 등장하면 행동 개시 또한 빠르다. 사건을 신중하게 검토하고 판단해야 할 기업의 입장을 고객이 이해할 수 있는 기간마저 지나 대책 없이 기다리게 한다면 고객의 분노는 크게 확산될 수밖에 없다. 다음은 사후 관리에 미숙했던 기업들의 사례이다.

::

80여 년 동안 최고의 명성을 지켜오던 독일의 한 자동차 회사가 배기가스 조절 소프트웨어를 자동차에 장착하여 배출가스 양을 속였다는 소식이 전해져 전 세계 고객에게 충격을 주었다. 그 즉시 주가 폭락은 물론 기업에게는 최대 위기가 닥쳤다. 회사는 몇 백만 대의 리콜을 결정했고 뒤처리를 위한 여러 정책을 발표했지만 기업의 늑장 대응에 고객들은 충격과 실망감을 감추지 못했다.

인간의 안전과 직결된 자동차는 특히 사후 관리가 매우 중요하다. 판매할 때는 '고객님!' 하며 무한한 서비스를 제공할 것처럼 믿음을 주다가 판매 후엔 응대 태도가 달라진다면 고객들의 불만은 언젠가 곪아 결국 기업에 부메랑으로 돌아갈 것이다. 앞의 기업은 당분간 고객을 기만한 기업이라는 불명예에서 벗어나기는 힘들어 보인다. 이를 탈피하기 위해서는 실수를 인정하고 신속한 리콜을 위한 기업의 적극적인 움직임을 보여야 할 것이다.

:::

세계 굴지의 일본 자동차 회사에서 벌어진 대량 리콜 사태는 아직도 소비자에게 좋지 못한 기억으로 남아 있다. 해당 회사는 자동차 부품 공급원을 우수한 제품을 생산하는 국내 업체에서 가격이 저렴한 해외 현지 업체로 변경하여 조달받아왔다.

그 과정에서 차체 결함이 생기기 시작했고 2009년 8월, 고객이 사망하는 사고가 일어나 회사에 위기가 닥쳤다. 본사 제품에 대한 결함이 명백함에도 잘못을 솔직하게 인정하지 못한 행동이 세상에 알려지며 수백만 대를 리콜하며 큰 손실을 입어야 했다. 신속하지 못한 사후 조치와 늑장 대응으로 회사가 비도덕적이라는 여론이 생겨 차 판매량은 급격히 감소됐다.

사망사고까지 일어난 위 사건에서 해당 회사의 차를 구입한 고객은 계속 공포감을 느껴야 했다. 이 사례는 한국 기업에게도 리콜에 대한 중요성을 일깨워 주는 계기가 되었다.

신속하게 그러나 정확하게

앞서 소개한 사례와는 반대급부적으로 리콜 우수사례로

회자가 되는 기업들도 있다. LG 전자의 드럼 세탁기에서 사고가 발생하자 나흘 만에 신속한 조치가 이뤄진 적이 있다. 세탁기 내부에서 문을 열 수 없어 사고가 발생했다는 원인이 공개되자 회사 측은 무상으로 세탁기의 잠금장치를 교체하겠다고 발표했다. 이때 리콜된 세탁기는 105만 대였다. 그리고 또 하나는 존슨앤존슨(Johnson & Johnson)이다. 존슨앤존슨은 1886년에 설립, 오래된 역사와 전통을 자랑하며 그만큼 고객의 사랑도 오랫동안 받아온 기업이다. 주로 의약품, 생활용품을 제작하며 제품군 중 가장 유명한 것은 타이레놀이다. 승승장구하던 이 회사에 엄청난 위기를 몰고 온 사건이 있었다.

::

1982년 9월, 미국 시카고에서 12살 어린 아이가 사망했다. 비슷한 시간 텍사스 주 알링턴에서 또 다른 사람이 병원에서 사망했다. 이어서 어느 부인이 진통제를 복용한 뒤 사망하는 일이 벌어졌다. 이들의 공통점은 모두 다 같은 약을 복용한 후에 죽었다는 것이다.

경찰은 범인이 약국이나 슈퍼마켓에 들어가 약병을 훔쳐 독극물을 주입한 뒤 다시 판매대에 올려놓았을 것이고 그 사실을 모르는 구매자들이 약을 복용하고 사망을 하게 된 것이라고 추정했다. 제조상의 문제가 아니라 누군가 의도적으로 독극물을 집어넣은 사건이라는 것이 알려졌음에도 기업 이미지는 계속 하락하기 시작했고 해당 약품의 시장점유율이 빠른 속도로 줄어 35%에서 8%가 되었다.

사건이 발생하고 기업에 위기가 닥치자 존슨앤존슨 측은 피해를 신속히 회복하기 위한 새로운 경영대책을 마련했다. 존슨앤존슨은 시민들의 건강과 불안감 해소를 위해 사건을 은폐하지 않고 즉각적으로 진상을 파악하여 고객과 국가, 언론 등과 협조체계를 구축하고 공개 사과를 했다. 논란이 일었던 약을 전량 회수한 것은 두말할 것도 없다. 전량 회수와 즉각적인 조치만으로도 마무리를 잘했다고 볼 수 있었는데 독극물 투입을 원천적으로 봉쇄할 수 있는, 한층 더 진화된 포장방식을 개발하였다고 공표했다. 사후 처리까지 확실한 태도에 힘입어 사건 발생 후 1년이 지난 시점에는 이전과 같은 시장점유율을 회복할 수 있었고 기업 이미지가 오히려 상승하여 전화위복이 되었다. 다음은 미국 내에서 판매율 2위를 달리고 있던 한 타이어 기업의 이야기이다.

::

자사 타이어를 장착한 제품인 SUV가 주행 도중 타이어 결함으로 차량이 전복됐다며 고소를 당하자 기업에서는 제품의 결함을 부인했다. 그러나 이미 같은 결함이 해외에서 있었던 데다 베네수엘라에서만 리콜한 사실이 알려지자 사람들 사이에서 비난 여론이 급속도로 전파되었다. 결국 회사는 수십 명의 목숨을 앗아간 타이어를 리콜하기로 결정했다. 그 결과 기업은 약 3억 5천만 달러의 손실을 입었고 모기업인 일본 기업의 주가는 38%나 폭락했다.

리콜을 하고도 늦장대응 때문에 비용 손실, 여론 악화까지 한 번에 이루어진 대표적인 사례이다. 기업은 고객의 신뢰를 저버리면 끝이다. 그러나 고객과의 사건에 연루가 되면 기업도 당황하기는 마찬가지이다. 어떻게 반응을 해야 할지, 잘못을 인정하면 사건이 더 커지는 것은 아닐지 매우 복잡한 문제일 것이다.

하지만 아무런 말을 하지 않고 침묵으로 일관하거나(침묵이 최고이며 괜히 함부로 말했다가 큰 코 다친다고 생각하는 기업), 실수를 인정하지 않고 다른 곳에 비난을 돌린다거나(실수를 깨달았다면 솔직히 인정을 해야 하는데 버티는 기업), 지키지 못할 약속을 일단 저지르는 행동(시간이 지날수록 비난의 화살이 점점 커지는 게 두려워서 지키지도 못할 약속부터 하는 기업)처럼 최악의 대응을 할 경우, 더 큰 화를 부르게 된다.

리콜 마케팅

요즘은 리콜에 대한 부정적 인식이 긍정적으로 많이 변화했다. 하자가 많은 제품을 기업이 회수하는 것으로 생각했던 기존의 사고에서 '소비자의 안전을 확실히 책임지는 믿을 만한 기업'으로 그 의미가 확대된 것이다. 고객에게 서비스를 하는 회사에서는 매우 중요한 마케팅으로 부각되고 있다.

물론 제품을 잘 만드는 것도 중요하지만, 제품의 하자를 발견했을 때 회수 시스템을 갖추고 있다는 사실은 기업이 고객을 어느 정도의 애정으로 대하는지 알 수 있으며 긍정적인 이미지를 구축하는 데 영향을 준다. 고객으로 하여금 '기업 활동의 프로세스가 훌륭하다면 우수한 제품과 서비스를 제공하는 기업'이라는 일종의 신뢰감을 느끼게 하여 기업을 발전시키기 때문이다.

만약 리콜에 소극적인 태도를 보인다면 그 회사의 모든 제품을 경계하게 된다. 리콜에 해당하는 제품이 아니더라도 그 회사의 타 제품을 구입한 고객들까지 항의할 우려가 있다. 불량제품 하나를 보고 전체를 간주하는, 그야말로 낙인효과라고 볼 수 있다. 우수한 제품을 출시해도 믿지 않고 의심하기 때문에 이미지를 회복하는 데 걸리는 시간은 예상외로 많이 걸린다. 이러한 점만 보더라도 리콜에 관해 적극적인 태도를 보여야 하는 것은 기업의 당연한 자세이다.

리콜이 주는 긍정적 영향

신뢰감 고객을 속이지 않는 정직한 회사라는 신뢰감을 느끼게 한다.
재구매 믿을 만한 기업의 제품을 사고 싶은 욕구가 생긴다.
홍보 기업의 신속한 행동이 우호적으로 평가되는 긍정적인 홍보 효과가 있다.
연관구매 같은 회사에서 만든 제품은 무엇이든 우수할 것이라는 믿음이 구매로 이어진다.

☀ tip

제품 하자 발생 시
이렇게 대처해보자

✅ 고객의 입장에서 최선을 다하기 위해 빠르게, 열심히 움직일 것을
약속한다

초반부터 정확한 대책을 수립하기는 어려울 것이나, 감추기에 급급하
기보다는 고객을 위한 기업의 열정과 의지를 우선 밝혀야 한다. 고객
의 입장을 헤아리는 것이다. 기업과 거래를 하는 과정에서 불만이 생
겼을 때 묵묵부답이면 얼마나 답답하겠는가. 해결책을 바로 제시할 수
없을지라도 노력하겠다는 성의를 보여야 한다.

✅ 신속, 정확하게 규명한다

기업의 이미지는 곧 대처 속도의 문제이다. '시간이 조금 지나면 괜찮
겠지, 손실이 클 것 같으니 늦게 대응하자'처럼 제품 리콜 후 회사가 얻
을 타격을 미리 계산하여 공식입장 발표를 꺼리는 경우가 많다. 장기
적으로는 오히려 더 큰 손해이므로 잘못이 확인되었다면 신속하게 규
명해야 한다.

✅ 규명한 사실을 인정해야 한다

기업의 도덕적인 태도라고 할 수 있다. 문제를 은폐하지 않고 솔직하
게 인정하는 모습, 진정성 있는 기업의 면모를 보이면 고객들은 너그
럽게 기다려줄것이다. 회사의 손실과 이미지 타격을 두려워하여 문제
를 은폐하는 태도는 비양심적인 기업으로 비춰진다. 사실을 왜곡하지
말고 회사가 고객에게 최선을 다하겠다는 태도가 중요하다.

3. 소셜 미디어, 새 시대 새 고객

고객의 개념

'고객은 누구인가?'라는 질문을 받았을 때 어떤 대답이 가장 먼저 떠오르는가? 일반적으로 고객은 '우리 물건을 구입하는 사람'이다. 다시 표현하자면 '우리의 물건을 구입하고 서비스를 이용한 대가로 비용을 지불하는 사람'을 고객이라고 한다. 즉, 기업은 상품과 서비스를 제공하고 고객은 거기에 대한 대가로 돈을 지불하는 것이다.

사전적 의미의 고객은 '재화나 용역을 구매하거나 구매의사를 가진 사람'이다. 그러나 이런 단순한 정의로는 고객의 개념을 전부 설명하기 어렵다. 구매 이외에 교환 혹은 환불을 하려는 사람은 고객이 아니란 말인가. 그렇다면 고객을 조금 더 세부적으로 구분하여 분석해 볼 필요가 있다.

제품에 관심이 있거나 서비스에 니즈가 있어서 세일즈스킬을 잘 발휘하면 언제든 구매할 수 있는 고객을 '잠재고객'이라고 한다. 기업을 이용한 적은 없지만, 언제든 의사 결정권을 가지고 구매할 수 있는 고객이다. 이 고객이 제품을 선택할 때 중요시 여기는 것은 기업의 평판이다. 잠재고객은 자주 지적받는 기업, 독선적인 기업보다 소비자에게 칭찬받고 인간적인 기업을 선택할 확률이 높다. 조직의 효율성을 이유로 기업 중심의 정책과 태도를 고수하는 기업은 잠재고객이 거래를 하기도 전에 매력을 느끼기 힘들다.

　기업을 이용하다가 빠져 나가버린 고객을 '이탈고객'이라 한다. 기업 입장에서는 한 명의 고객도 아쉬운데 이탈고객의 수가 늘어나면 매출은 자연적으로 감소하므로 경영하는 데 있어 불안을 느낀다. 이탈고객이 감소한 만큼 신규고객이 유치가 되어야 하지만 신규고객을 유치하는 것은 기존고객을 관리하는 것보다 훨씬 어렵기 때문이다. '있을 때 잘하자'라는 말을 되새기면서 기존고객이 빠져 나가지 않도록 관리해야 한다. 불만을 호소하는 사람들이 많으면 많을수록 이탈고객은 자연적으로 증가하게 되므로 평소 고객서비스 정책과 현장직원들의 태도를 정기적으로 체크하여 고객만족도를 유지할 수 있어야 한다.

　서비스를 여러 번 이용해주는 고객을 '우량고객'이라 한다. 그들은 기업의 매출 창출에 결정적 기여를 하는 단골고객이다. 재방문과 재거래를 통해서 기업에게 많은 이익을 가져다준다. '우리는 모든 고객을 동등하게 대우합니다'라며 가끔 방문하는 일반고객과 단골고객에게 똑같은 서비스를 제공한다면 "단골, 잘 가!"라고 이별인사를 하는 것과 같다. 다른 고객이 위화감을 느끼지 않은 선에서 더 좋은 서비스를 하여 혜택과 대우를 느끼게 관리해야 단골고객이 유지될 것이다.

예를 들어 음식점 주인이 단골을 기억하고 음료나 사이드 메뉴 등을 추가로 서비스한다면 그 고객은 확실히 대접받은 느낌이 들 것이다. 실제로 얼마 전 단골 음식점에서 모임을 주선한 적이 있었다. 평소에 자주 오는데다가 모임까지 주선하니 가게 주인은 연거푸 감사하다며 음식을 추가로 주었다. 예상치 못한 서비스에 이곳에서 대접받고 있다는 느낌이 들었다.

우량고객과는 반대로 기업에 손해를 끼치는 고객이 있는데 바로 '악성고객'이다. 악성고객은 막무가내인 태도로 직원을 닦달하고 실현 불가능한 요구를 하며 기업까지 난색을 표하게 만든다. 현장직원들은 자신이 소속된 기업의 이미지가 추락할까 염려되어 애써 참고 있지만, 내부적으로는 악성고객에 대한 애로사항을 호소하고 있다.

다행히 과거와 달리 악성고객 응대에 관한 매뉴얼이 개정된 곳이 많다. 직원 운신의 폭이 넓어져서 악성고객을 퇴장시킬 수 있는 재량권도 확보되었다. 악성고객이 요구하는 사항을 모두 이행하며 이끌려 다니던 시대는 이제 지나고 있다. 즉 고객이라도 악성고객은 차단할 수 있는 것이다. 악성고객에 대해서는 4장에서 자세히 살펴보기로 한다.

뛰는 기업 위에 나는 고객

현대 경영학의 창시자인 피터 드러커(Peter Ferdinand Drucker)는 '기업의 목적은 이윤 추구가 아니라 고객 창출에 있다'고 강조했다. 초일류기업들은 '고객은 기업의 최고 통치권자'라는 말에 전적으로 동의하고 기업중심이 아닌 고객중심의 경영에 집중해 왔다. 고객이 아닌 기업중심의 정책을 펼친다면 기업은 고객에게 철저히 외면당해 '물 없는 물고기'와 같은 신세로 전락할 수 있다는 사실을 잘 알고 있는 것이다. 실제로 고객은 기업이 생존하는 요소 중 모든 것에 우선한다. 고객은 경영을 할 때 발생하는 문제의 시작임과 동시에 이에 대한 해결 방안도 안겨 주는 양면적 성격을 갖고 있다. 일명 우량고객과 악성고객이다. 우량고객은 기업 입장에서 두 팔 벌려 환영하는 고객이지만 악성고객은 다르다. '왕도 왕다워야 고객'이라고 말할 수 있지 않은가! 자신의 뜻만 관철시키는 비양심적인 고객을 만나면 기업은 막대한 손해를 입기 마련이다. 지금은 소셜 미디어 시대다. 온라인상에서 정보는 빠르게 퍼진다. 소셜 미디어란, 소셜 네트워킹 서비스(Social Networking Service, SNS)를 이용하는 사람들이 상호 정보와 의견을 공유하는 플랫폼을 의미한다. 한 예로 페이스북과 유튜브가 있다.

　게다가 1인 방송국, 1인 미디어 시대가 되어 고객의 영향력은 상상 이상으로 커졌다. 1인 크리에이터들은 자신의 일상을 꾸준히 보여주어 친근한 인상을 쌓을 뿐 아니라 인기를 한 몸에 받고 있다. 인플루언서는 웬만한 광고보다 더욱 신뢰감을 주는 위치를 점령했다. 단 한 명의 SNS 유저라도 인터넷의 익명성과 파급력을 기준으로 따진다면 기업 입장에서 매우 영향력 있는 고객이다. 인터넷에서 벌어지는 일들을 바로 대응할 수 없는 사업장이나 가게라면 사건이 생겼을 때 심각해질 수 있는 고객이기도 하다. 만약 어떤 고객이 온라인에 허위사실을 유포한다면 이 사실은 여과 없이 순식간에 퍼져서 진위 여부를 판단할 새도 없이 기업은 마녀사냥을 당할 수 있다.

::

    샤브샤브 전문점으로 고객의 사랑을 받으며 꾸준한 성장세를 보이던 한 기업은 소셜 미디어 악성고객에게 큰 피해를 보았다. 지방에 있는 한 지점에서 일어난 임산부 폭행사건이 한 인터넷 커뮤니티를 시작으로 널리 퍼졌다. 그 기업이 그동안 구축해왔던 건강·웰빙 이미지는 한순간에 추락했고 소비자들은 기업 불매운동을 벌이기 시작했다. 글이 올라온 지 불과 몇 시간도 채 안 되어서 사건에 대한 진실 여부를 가릴 여유도 없이 기업은 공식사과문을 먼저 발표해야 했다. 사건 직후 해당 점포는 주변의 폭언과 빗발치는 항의 전화 등으로 영업을 지속할 수 없어 권리금도 받지 못한 채 가게를 처분해야 했다. 정신적 피해와 금전적 손해가 이루 말할 수 없었다. 추후 사건 진상을 파헤치기 위해 CCTV를 확인한 결과, 직원이 임산부를 폭행한 적이 없음이 판명되었다.

    현 시대의 고객은 온라인 상호 소통을 활발하게 한다. 온라인의 이점을 악용하는 고객도 신경을 써야 하지만, 기본적으로 소셜 미디어 상에서 기업의 선행과 악행은 즉각적으로 공유가 되기 때문에 기업은 자신들의 선행이 많이 알려질 수 있도록 고객만족경영에 심혈을 기울여야 한다. SNS에 익숙한 소비자들은 고객서비스에 대한 각자의 경험을 자유롭고 솔직하며 가감 없이 평가한다. 그들의 의견은 기업의 전략적인 광고보다 신뢰도가 더 높은 참고 자료가 되고 있다.

고객 만족의 정석

::

한 고객이 자동차 내비게이션 고장으로 수리를 의뢰하러 업체에 갔다. 내비게이션만 분리하면 고칠 수 있겠다는 생각으로 방문을 했지만, 업체에서는 자동차 컨트롤 시스템을 전부 교체해야 한다며 수리비용이 800만 원이라고 설명했다. 직원은 늘 응대하는 일이기 때문에 수리비용이 높다고 느껴지지 않아 무심하게 말하고 있었다. 당황해하는 고객의 기분은 미처 고려하지 않은 것이다. 수리비가 높게 청구되는 것은 당연한 거라고 말하는 직원 때문에 고객은 해당 자동차를 선택한 게 후회됐다. 고객은 수리를 바로 맡기지 않고 유사한 사례를 찾아보기 위해서 한 인터넷 자동차 동호회에 가입했다. 그리고 실제로 그곳에서 생각지도 않았던 많은 정보를 얻을 수 있었다. 커뮤니티에는 여러 자동차 회사와 차량에 대한 비판과 칭찬 등 다양한 경험이 게시되어 있었다. 고객이 선택한 자동차 기업의 정보도 상세하게 공개되어 있었는데, 그중 놀라운 것은 차량 결함사진까지 올려 해당 기업의 문제점과 불만사항에 대해 낱낱이 토로한 사람도 있었다는 것이다. 댓글마다 함께 화내고 응원하는 말들로 가득했고 대안 방안까지 토의하는 모습을 보여주었다.

이와 같이 고객서비스의 살아 있는 현장이 바로 인터넷이다. 그들이 SNS상에서 기업을 칭찬했느냐 비난했느냐에 따라 기업의 미래가 결정된다고 해도 과언이 아니다. 이유 없는 칭찬과 비난을 하는 것이 아니라 고객 자신의 직접적인 경험을 통해서 목소리를 내기 때문에 이 사실적인 데이터는 기업과 한 번도 거래한 적 없는 고객에게까지 기업에 대한 첫인상을 결정

제1장 성공을 부르는 우수기업의 키워드

하게 하는 요인이 된다.

기업은 SNS에서의 누적된 고객의 메시지를 바탕으로 빅데이터(Big Data)를 활용함으로써 고객의 트렌드 변화와 소비 패턴을 분석해 각각의 고객에게 최적화된 상품과 서비스를 제공할 수 있다. 기업은 고객의 의견을 통해서 향후 방향을 설계해야 하며 SNS 마케팅을 통해 고객의 관심을 끄는 적극적인 활동을 해야 한다. 과거보다 정보 공유가 빠르게 이뤄지는 현대 사회에서 순식간에 높은 결집력을 보여주는 SNS상의 고객은 기업보다 한 수 앞을 더 내다본다고 할 수 있다.

4. 고객의 존재감

고객은 기업의 일부

LG 그룹은 '소비자'라는 표현 대신 '고객'이라는 개념을 한국에 도입했다. 결재 서류에도 사장보다 높은 자리에 고객 결재란이 있다는 광고를 통해서 고객이 중심인 회사임을 알렸다. 2019년 신년사에서도 마찬가지였다. 회장은 고객만족을 경영목표로 두고 '고객'이라는 단어를 서른 번에 걸쳐 언급했다. 기업은 고객에게 인정받고 선택되어야 사회에서 생존 의미가 있고 사랑받는 회사가 될 수 있다는 것이다.

고객은 크게 외부고객과 내부고객으로 나눌 수 있다. '내부고객'은 회사 내부 직원과 협력업체 직원을 말하고 '외부고객'은 내부고객 이외의 모든 사람을 말한다. 따라서 '내 일의 결과가 미치는 모든 사람'이 고객이라고 정의할 수 있다. 국내 서비스 우수기업들은 협력업체와의 갑·을 문화 개선을 위해 협력업체를 고객으로 인식하자는 움직임을 보인다.

한 대형마트는 변화에 발맞춰 협력업체와 직접 소통할 수 있는 문자메시지나 카카오톡 등의 채널을 개설해 운영하고 있다. 전담부서와 인력을 두고 관리하여 협력업체의 불만이나 다양한 의견을 실시간으로 들을 수 있다. 이는 즉각적인 소통의 창구의 역할을 해서 협력업체에게 공감과 신뢰를 불러일으키는 내부고객만족의 방법으로 매우 효율적이다.

SK 하이닉스 측에서는 2015년 6월, 임직원 임금 인상분의 20%(직원이 임금 인상분의 10%를 내면 회사 역시 10%를 내는 방식)를 협력사에 지원하는 '상생협력 임금 공유 프로그램 협약'을 맺고 기업이 추구하는 행복·상생·동반성장의 가치와 사회적 책임을 실천하겠다고 약속했다. 이에 협력사 역시 최선을 다해 기업 경쟁력 강화에 기여하도록 보답하겠다는 입장을 밝혔다. 협력사를 갑과 을의 관계가 아닌 내부고객으로 인식할 때 신뢰하고 상생할 수 있으며 더 좋은 결과와 성장을 낳을 수 있음을 알 수 있다.

- 가치 흐름에 따른 고객 정의

고객은 '제품을 생산하고 전달하고 소비하는 모든 서비스 활동의 결과가 미치는 사람'으로 생산고객·전달고객·소비고객으로 나눌 수 있다. 제품과 서비스를 생산하는 역할을 담당하는 직원을 '생산고객', 제품과 서비스를 최종 소비자에게 전달하는 접점직원이나 판매원은 '전달고객', 제품을 최종적으로 경험하고 구매하는 고객을 '소비고객'이라고 한다.

- 정보화 시대에 따른 고객 정의

정보기술의 발전과 정보의 양적·질적 증대가 가속화되면서 고객의 소리가 높아지고 고객중심의 의사결정으로 변화되

는 과정에서 트윈슈머와 프로슈머, 크리슈머의 활동이 강한 힘
을 발휘하고 있다.

고객을 차별하라

　기업은 모든 고객에게 친절하게 대해야 한다. 하지만 모든
고객을 동등하게 대해서는 안 된다. 신규고객과 기존고객을 위
한 서비스 제공에 완급 조절이 필요하다. 앞서 비슷한 내용으
로 신규고객을 창출한다고 하여 단골고객에게 처음 방문한 고
객과 동일한 서비스를 제공한다면 단골고객은 알게 모르게 조
금씩 불만을 갖게 되어 언젠가는 기업을 떠난다. 신규고객 유
치를 위한 활동에만 전념할 경우 기존고객의 불만이 증가할 수
있기 때문에 결국 이탈고객이 증가할 것이고 장기적으로 기업
은 손해를 입게 된다.

　신규고객의 증가는 기업의 성장에 도움이 되지만, 수익
을 유지할 수 있는 것은 기존고객을 평생고객화하는 전략적 접
근을 통해서 창출된다. 일례로 고객관계관리(CRM, Customer
Relationship Management), 적극적으로 기업과 고객 서로가
만족하는 장기적 관계를 유지하는 관계마케팅(Relationship
Marketing)을 통하여 고객 정보를 적극적으로 활용할 때 우수
고객에 대한 차별화된 서비스 제공이 가능할 것이다. 만약 통
신업체가 신규고객 영업에만 전념하여 할인정책이나 상품권
등을 제공하여 장기이용고객들이 신규고객보다 혜택이 적게
돌아가는 현상이 된다면 장기이용고객들은 자연적으로 불만이
생긴다. 이때 기업이 장기고객에게 할인혜택을 늘리고 서비스

정책을 이용하는 방법으로 성의 있는 모습을 보여주어야 고객 이탈을 방지할 수 있다. 신규고객을 위한 판촉활동도 중요하지만, 기존고객과의 유대관계를 망각하는 일은 없어야 한다. 기존고객 중심으로 경영을 하면서 고객 사이에서 좋은 구전광고가 나오게 하고 신규고객에 대한 영업활동을 이어가는 것이 의미 있는 것이다.

관계마케팅에서 양동이 이론(Bucket Theory)은 기존고객의 중요성을 잘 나타낸다. 물이 담긴 양동이에 구멍이 나서 물이 조금씩 새기 시작할 때 이를 보수하지 않으면 어느새 양동이 바닥이 드러난다. 기업도 마찬가지이다. 기업(양동이)의 어느 한 곳에 구멍이 생긴다면 그 틈을 통해서 고객(물)이 빠져나가 매출이 바닥날 수 있다는 심각성을 나타낸다. 물을 계속 붓는다고 해도 구멍을 막지 않는다면 새어나가는 것을 해결할 수 없다. 결국 새로운 고객창출(물을 붓는 행동)을 위해서 빠져나가는 구멍(이탈고객)을 근본적으로 수리하지 않는다면 모든 것은 헛수고이다. 구멍이 있는 한 물이 계속 새거나 구멍이 점점 커져서 결국 손을 쓸 수 없기 때문에 구멍이 나지 않도록 하는 것(기존고객에 대한 노력과 관리)이 훨씬 수월하다는 점에서 기존고객에 대한 서비스를 소홀히 해서는 안 될 것이다.

::

단골로 다니던 미용실에서 머리 손질 후 계산을 할 때 생긴 일이다. 나보다 조금 일찍 와서 옆 자리에 앉은 고객도 나와 같은 펌을 했고 비슷한 시간에 머리 손질을 마쳤다. 그런데 계산을 할 때 보니 비용이 몇 만 원 차이가 났다. 직원에게 왜 가격 차이가 나는지 물어 보니 다른 고객은 오전 방문고객으로 30%

할인적용이 되었다는 것이다. 그래도 비슷한 시간에 머리 손질이 끝났으니 나도 해달라고 하자 고객님은 회원 적립 10%만 가능하기 때문에 다음에는 오전에 일찍 오시라고 하면서 일언지하 거절을 당했다.

미용실의 규정이 있어 더 이상 요청은 하지 않았지만, 직원이 다른 방법으로 서비스를 제공하려는 태도가 보였다면 이렇게 실망하지는 않았을 것이다. 몇 년 동안 단골로 다닌 미용실에서 푸대접을 받는 내 자신이 어리석게 느껴졌다. 고객끼리는 괜한 위화감이 생겨 불편해졌고 미용실에는 섭섭함을 느꼈다.

단골고객은 알아서 찾아온다는 착각으로 고객을 방치하여 신규고객이나 단골이 아닌 일반고객보다 더 많은 돈을 지불하게 하고 서비스는 적게 제공한다면 잘 거래해오던 고객을 놓치게 된다. 신규고객의 마음을 붙잡는 것에도 정성을 기울여야 하지만 기존고객 역시 특별한 서비스로 잘 대접해야 한다.

'기존의 우수고객은 각별한 대상'이란 인상을 심어야 한다. 그렇다면 기업의 입장에서는 우수고객에 대한 선별기준을 수립해야 할 것이고 처음에는 어떻게 정해야 할지 난감할 수 있다. 예를 들어 일 년에 한 번을 거래해도 많은 돈을 지불하는 고객과, 매일 찾아오지만 가장 저렴한 상품만 골라 가는 고객이 있을 때 두 부류의 고객들도 우수고객으로 특별 서비스를 해야 할까? 물론 여러분의 회사 입장을 고려해서 고객 분류 작업이 이루어져야 하므로 다음은 참고만 하면 좋겠다.

아무리 고객이 중요하다고 해도 모든 고객에게 혜택을 줄 수 없으며 기업이 손해를 감수하면서 지속적인 서비스를 제공하기는 어렵다. 수익성이 낮은 고객에게까지 특별한 서비스를 제공해야 한다는 태도는 과감히 버려도 좋다. 단골고객을 놓치는 것은 슬픈 일이지만 수익성이 낮은 고객을 바라보면서 고객 운영비를 계속 들여가며 평생을 함께 가야 하는 것은 더 슬픈 일지도 모른다.

　　기업의 각자 고유상황과 고객의 특성이 있다. 일반적으로는 거래 횟수가 얼마가 되는지와 누적매출액이 얼마나 많은지가 우수고객의 분류 관건이 된다. 대표적인 예로는 항공사의 마일리지 제도가 있다. 항공사를 자주 이용한 승객에게 비행기 노선을 무료로 탑승할 수 있게 하는 마일리지 합산 고객서비스 제도는 승객이 탑승한 거리를 탑승 때마다 합산하여 마일리지 포인트를 적립해준다. 또 가족끼리 마일리지를 서로 합산하여 양도가 가능하도록 했다. 한 항공사를 지속적으로 이용하도록 유인하는, 고객관계 유지의 효과적인 전략 중 하나다. 또 다른 항공사는 자신의 마일리지 포인트를 누구에게나 양도할 수 있도록 하여 항공사 서비스를 체험하는 기회를 모두에게 제공하고 있어 호의적인 평가를 받고 있다. 이외에도 마일리지 등급이 높은 고객(비행기 탑승거리가 긴 고객)에게는 라운지를 무료로 이용하게 하고, 수하물도 일반 고객보다 더 많은 범위를 무료로 허용하게 하는 등 다양한 혜택을 제공한다. 항공사가 우수고객들에게 눈에 보이는 고객 차별을 하여 서비스를 제공해도 여기에 이의를 제기하는 불만고객은 많지 않다. 오히려 자신을 인정해주는 기업을 스스로 이용하는 횟수를 늘려감으로써 고객은 혜택을, 기업은 이익을 얻는 윈윈(win-win)게임을 즐기고 있는 것으로 보인다.

기존 고객의 힘

만약 여러분이 매일 찾아가는 커피 매장에서 2,000원 커피를 주문했다고 가정하자. 직원이 말도 없이 커피를 슥 내밀며 알아서 가져가라는 식으로 응대를 한다면 어떤 느낌이 들겠는가? 자존심이 센 고객들은 가격이 저렴한 커피를 사먹어서 저 직원이 나를 무시하는 것인가 오해할 수도 있다. 난데없이 2,000원짜리 고객으로 취급을 받는 것 같아 커피숍에 실망하게 되는 것이다. 고객이 매일 찾아올 때 쌓이는 누적금액과 긍정적인 소문을 내주어 많은 고객을 데려올 것과 앞으로 이용할 평생 가치를 알게 된다면 그래도 뻣뻣한 자세로 응대할 것인가? 여전히 커피를 말없이 탁 내밀면서 가져가든지 말든지, 먹든지 말든지 식의 무례한 응대를 할 수 있을까? 직원이 고객의 평생가치를 인식한다면 기업의 경영마인드를 함양하게 되고 고객서비스 품질도 덩달아 향상된다. 고객의 평생가치를 생각한다면 지속적으로 찾아와 준 고객에게 한없이 고마운 마음이 들 것이다. 이와 같이 고객의 평생가치를 인식하느냐의 문제는 직원의 서비스 태도와 기업의 발전에도 긍정적인 영향을 미친다. 다시 말하자면 고객의 평생가치를 인식하지 못한 기업은 고객의 불만을 낳게 되어 결국은 경쟁에서 도태될 수밖에 없다. 직원이 고객을 인식할 때 일회성의 짧은 만남이 아니라 지속적으로 우리 기업을 이용해 줄 평생고객으로 바라보아야 하는 것이다.

한 고객이 특정 기업의 고객으로 존재하는 전체기간 동안, 기업에게 제공할 것으로 추정되는 재무적 공헌도의 합계를 '고객생애가치(Customer Lifetime Value)'라고 한다. 고객생애가치가 중요한 이유는 장기이용고객일수록 관리비용이 적게 들고 수익성이 높기 때문이다. 좀 더 실질적인 계산을 위해서는 순이익이나 현재가치 등의 개념을 적용해야 하겠지만 간단한 계산을 통해서 고객생애가치가 얼마나 중요한지를 알아보겠다.

만약 고객이 1년간 1,000만 원을 소비하는 데 앞으로 10년을 지속적으로 거래한다면 이 고객의 생애가치는 1억이라고 볼 수 있다. 고객의 구매 금액이나 구매 빈도수 또는 반복구매가 일어남에 따라서 사용액의 평균가치가 상승하는 효과가 있다. 생애가치가 높은 우량고객은 기업에게 수익을 가져다주는 고객이므로 더 많은 혜택과 서비스를 제공해야 한다.

앞에서 언급했던 미용실 사례에서, 해당 미용실 입장에서는 내가 고객생애가치가 높은 고객이었을 것이다. 그러나 신규고객과 별반 다르지 않은 서비스를 제공하여 불만이 생겨 결국 그곳을 떠났다. '그 고객은 자기가 알아서 스스로 찾아온다'는 식의 태도가 단골고객들에게 자존심을 상하게 만들어 불만을 퍼뜨리는 요인으로 작용한 것이다.

고객이 좋은 서비스에 대한 만족감으로 주변에 입소문을 내준다면 기업이 가져가는 수익은 기대 이상이다. 뿐만 아니라 기존고객이 제품이나 서비스에 대한 만족도가 높은 기업에게는 일반고객보다 그 기업에 대한 추천제품에 호의적인 반응을 보인다. 고객은 그 제품을 선택하는 데 주저함이 없을 것이고 기업 입장에서는 판매 및 영업이 쉬워질 것이다. 고객이 일회성으로만 거래하는 관계가 아닌 기업의 지속적인 관계유지가 얼마나 중요한 지를 인식했다면 기존고객이 갈대처럼 더 이상 흔들리지 않도록 깊은 감사와 고품질의 서비스로 마음을 잡아야 한다. 기존고객 유지에 더 정성을 쏟아 평생고객의 점유율을 높인다면 자연적으로 기업의 수익성은 보장될 것이기 때문이다.

트윈슈머

다른 고객의 구매경험을 중시하여 결정하는 신중한 소비자 '트윈슈머(twin-sumer)'란 쌍둥이를 뜻하는 'twin', 소비자를 뜻하는 'consumer'의 합성어로, 이 제품을 구매한 다른 사람들의 경험과 평가를 중시하여 제품의 성능을 미리 파악한 후 구매하는 신중한 소비자를 의미한다. 만약에 트윈슈머가 전자제품을 구입하고 싶을 경우 이미 구입한 사람들에게 물어 보거나 인터넷에 게시된 글을 참고하며 커뮤니티 사이트를 찾아서 적극적인 정보 탐색을 통해 구매하는 것이다.

일례로 홈쇼핑 업체에서는 제품을 사용한 고객들의 글을 모아 관련 내용끼리 취합하여 구매를 망설이는 신규고객에게 유용한 쇼핑정보를 제공하기도 한다. 트윈슈머가 고객의 입장에서 자신이 무언가를 선택할 때 바로 구입을 하는 것이 아니라 다른 고객의 입장도 자신의 판단에 중요하게 작용하는 소비자를 말하므로 고객이 기업의 제품을 칭찬했느냐 아니면 비판했느냐에 따라 그 제품이 판매될 수도 있고 판매되지 않을 수도 있다.

프로슈머

제품을 소비하는 수동적인 모습에서 한 단계 더 나아가 제품개발이나 유통과정에 기여하는 소비자를 프로슈머(produce+consumer)라고 한다. 제품에 대한 분석 및 피드백을 활발하게 하며 신제품 개발에 결정적으로 중요한 아이디어를 제공하여 새 제품을 만들어 달라고 요청한다. 뿐만 아니라 유통과정을 개선할 수 있도록 영향을 미치기도 한다. 최근에는 모든 과정의 각 부문에 대한 전문적인 기술을 조언하는 활동을 함으로써 그 영역이 확장되었다. 그래서 프로슈머를 전문가인 'professional'과 소비자인 'consumer'를 합쳐서 '전문가적 소비자'로 정의하기도 한다.

프로슈머의 활동은 여러 업종에서 찾을 수 있는데 그 예로 아파트를 설계할 당시부터 집에 대해서 가장 잘 알고 있는 주부들과 함께하여 구체적인 아이디어와 개선 사항들을 접수한다거나 자동차를 출시하기 전에 전문 동호회를 통해서 대중의 라이프 스타일과 자동차에 대한 요구를 듣는 것이다. '레고판 로보캅'이라 불리는 레고 아이디어 시리즈 '엑소수트'를 만들어 낸 것도 고객의 아이디어였는데 실제로 이전보다 매출을 높이는 실적을 냈다. 이와 같이 프로슈머의 의견과 정보를 활용하면 기업은 고객의 신뢰뿐만 아니라 입소문을 통해 마케팅 효과까지 얻을 수 있다.

크리슈머

프로슈머가 제품 생산에 참여한 소비자라면 크리슈머는 기존 제품에 자신의 취향을 더해 새롭게 탄생시키는 소비자를 말한다. 창조를 의미하는 크리에이티브(creative)와 소비자를 의미하는 컨슈머(consumer)를 합하여 만들어진 용어이며 크리슈머를 프로슈머에서 파생되는 소비자라고 간주하기도 하지만, 좀 더 발전된 의미로 보아야 할 것이다.

간단한 예로는 '나만의 레시피'라 하여 기존에 유통된 제품에 자신의 노하우를 혼합해 새롭게 만드는 소비자들이 여기에 속한다. 그리고 스마트폰 이전에는 기업에서 출시한 기능 그대로를 사용해야 했지만 현재는 스마트폰에 생성된 다양한 애플리케이션을 활용하거나 사용자가 자신이 필요한 애플리케이션을 창조한다. 이 또한 크리슈머라 할 수 있다.

기업은 프로슈머뿐만 아니라 크리슈머와도 소통함으로써 고객의 요구를 파악할 수 있다. 눈높이에 맞는 제품 생산이 가능하기 때문에 크리슈머 고객을 통한 마케팅도 펼칠 수 있다.

LG 경제연구원은 "소비자를 기업의 일부로 묶어 그들의 아이디어가 적극 반영될 수 있는 위치로 끌어 들여야 한다. 이러한 관계에서 소비자는 디자인이나 기획부서와 같이 기업의 한 부분으로서의 역할을 수행한다"며 고객의 기능을 확대한 마케팅의 성공 포인트를 강조했다.

프로슈머와 크리슈머를 활용한 적극적인 마케팅 효과
· 고객만족도가 상승한다.
· 신제품 개발에 드는 시장조사 비용이 절감된다.
· 절감된 비용을 연구개발 비용으로 대체 가능하다.
· 고객이 특정 제품 개발에 개입을 하여 파트너 의식이 생긴다.
· 고객이 경쟁 업체 제품을 구입할 가능성이 낮아져 충성고객화를 실현할 수 있다.

5. 고객 맞춤 서비스

한 사람을 위한 착각서비스

우수기업에서는 일찍부터 고객 정보에 대한 자료를 구축·관리하는 CRM(고객관계관리)을 효과적으로 가동했다. 이를 통해서 고객에게 최적화된 상품과 만족스러운 서비스를 제공하여 고객을 만족시키고 지속적인 관계유지를 해왔다.

특히 호텔업계에서는 고객 맞춤 서비스에 정성을 다하고 있다. 예약하고, 투숙, 체크아웃하여 호텔을 나가는 순간까지 고객의 특징과 취향을 기록하여 개별적으로 고객관계관리에 정성을 다하고 있다. 현재는 스마트폰 보급이 늘면서 호텔에 대한 기본적인 정보 검색은 물론이고 전 세계 호텔의 상세한 정보와 프로모션, 가격비교까지 고객이 직접 파악이 가능하게 됨으로써 고객의 요구가 세분화되었다. 이제 정형화된 서비스에 만족하지 않고 업그레이드된 서비스를 원하는 것이다. 자신에게 더욱 최적화된 맞춤형 서비스를 선호하는 고객의 요구에 부응하기 위해 호텔 서비스는 더 체계적으로 발전하게 되었다. 기타 각 기업에서도 흐름에 발맞춰 각고의 노력을 기울이고 있다.

고객 맞춤형 고품격 서비스로는 방콕의 만다린 오리엔탈 호텔(Mandarin Oriental Hotel)이 대표적이다. 140년 전통을 자랑하는 만다린 오리엔탈 호텔은 고객만을 위해 최선을 다하는 서비스의 가치를 알고 있다. 유일무이하다시피 한 그들의 서비스 비법은 다음과 같다.

직원은 고객이 호텔에 도착하여 차에서 내리면 고객의 이름을 부르며 인사를 한다. 환영인사를 받은 고객은 도착하는 순간에 자신의 이름을 불러 주는 호텔에 대한 첫 인상이 친근하고 강하게 다가올 수밖에 없다. 얼마 전 지인이 이 호텔을 방문했더니 "Welcome! Ms.Lee"라고 이름을 부르며 환영인사를 하면서 꽃을 건네는 직원에게서 친근함이 느껴졌다고 했다. 고객은 자신과 마주친 직원이 이름을 부르며 인사를 하는 데 놀라지 않을 수 없다. 직원들이 이름을 어떻게 다 기억할 수 있을까? 심지어 고객이 호텔 레스토랑에 재방문을 할 경우, 직원은 "어제 드셨던 음식으로 하시겠습니까?"라는 질문을 던진다. 자신의 취향을 그대로 꿰뚫고 있는 서비스에 고객은 '호텔을 경험하는 순간마다 모든 직원이 나 혼자만을 위해 움직인다'는 기분 좋은 착각에 빠진다.

오리엔탈 호텔은 현장직원과 고객관리부서의 상호지원체계로 고객중심의 서비스를 구현한다. 현장직원은 고객의 정보를 고객관리과에 알려주고 관리부서 직원은 고객의 개별적 취향을 파일에 저장하여 서로 공유하는 지원시스템을 가동하여 고객 한 명 한 명을 기억한다. 고객이 '이 호텔에는 자기뿐'이라는 착각을 하게 되는 것은 호텔의 프로세스(process, 고객가치를 창출하는 일련의 활동)가 모두 고객에게 집중되어 있기 때문이다. 말로만 친절하라고 하는 것이 아니라 호텔의 서비스 지원정책을 마련해줌으로써 직원들이 환상적인 감성 서비스를 연출할 수 있는 것이다.

이렇게 회사의 지속적인 지원과 관심, 고객 위주의 환경이 마련될 때 직원의 서비스가 한결 수월해지고 고객 또한 만족감이 높아진다. 고객중심 서비스가 중요한 것은 알지만 입으로만 고객만족을 강조하면서 직원에게만 잘하라고 강요한다면 제대로 된 고객중심의 서비스 구현이 어려울 것이다.

고객 커스터마이징

고객은 자신만을 위한 서비스가 아니면 특별한 감동을 느끼지 못한다. 최근 고객의 취향과 요구가 훨씬 더 다양하고 개인화되면서 뭔가 특별하지 않으면 고객의 관심을 끌 수 없다. 이는 기업의 적극적인 활동인 고객 커스터마이징으로 귀결된다.

커스터마이징(customizing)이란 모든 것은 고객에게 집중되어 있다는 뜻으로 누구에게나 적용되는 상품과 서비스를 거부하는 현재 고객의 특징을 대변해주는 말이다. 따라서 고객 한 명 한 명에게 특별함을 선사하지 못하면 기업은 환영받기도, 선택받기도 힘들다. 최근 몇 년 동안에는 고객의 취향과 요구대로 개발되는 상품과 서비스, 일명 커스터마이징 상품이 각광을 받고 있다.

여름이 되면 도심 속 호텔에 머물며 바캉스를 즐기는 이들이 늘었다. 어린이를 동반한 가족 단위의 고객에게는 아이들이 즐길 수 있는 각종 체험과 액티비티 등 키즈 맞춤형 프로그램을 제공하고 그사이 휴식을 원하는 어른들에게는 여유와 낭만을 느낄 수 있도록 서비스한다. 전 가족이 즐길 수 있는 패키지 서비스도 주목받고 있다. 고객을 '거기서 거기'라며 동일시한다기보다 고객이 처한 다양한 상황과 조건을 고려하여 상품과 서비스를 개발하는 노력이 필요하다.

시중에 출시된 세탁기 중 애벌빨래를 할 수 있는 공간이 내장된 제품이 있다. 무릎이나 허리가 아픈 사람을 위한 건강을 고려한데다 쪼그려 앉아 애벌빨래를 하지 않아도 되어 수고로움을 한층 덜어주었다. 이런 상품이 고객 맞춤형, 커스터마이징 상품이 아닐까?

커스터마이징은 식음료에서도 쉽게 볼 수 있다. 어느 날 우리 회사 직원에게 전화를 걸어 음료수 한 잔을 사 가겠다고 했더니 특정 브랜드의 밀크티가 마시고 싶다고 했다. 그러면서 '펄은 추가하고 오십, 오십으로 주문해달라'고 하는 것이었다. '펄은 무엇이고 오십, 오십은 또 뭐냐'고 물어 봤더니 매장 직원에게 그렇게 전달하면 잘 이해하니까 그대로만 말하라고 했다. 알고 보니 '오십, 오십'은 밀크티의 얼음 분량과 당도를 나타내는 수치였다. 그밖에 한 커피전문점에서는 음료의 기본 레시피에 시럽이나 토핑을 추가하는 등 자신만의 음료를 만들 수 있어 인기가 높다. 커스텀한 음료가 맛있을 때는 인터넷, SNS로 공유하여 정식으로 등록되지 않았어도 아는 사람은 아는 레시피로 통한다.

길을 걷다 같은 옷이나 같은 신발을 신은 사람을 만나서 민망했던 기억이 한 번쯤은 있었을 것이다. 앞으로는 이런 일은 많이 사라지지 않을까 싶다. 신발 매장에서는 고객이 자신이 원하는 장식을 직접 골라 디자인을 할 수 있고 의류 매장에서도 옷에 자신이 원하는 무늬를 넣을 수 있으며 기능성 상품은 고객의 신체 특징에 맞게 주문 제작이 가능하다. 고객 자신이 직접 참여한 제품이라 특별한 흥미도 생기고 어디에서도 만날 수 없는, 자신만을 위해 탄생된 제품에 각별한 애정도 갈 것이다.

나만을 위한 무언가가 있다는 것에 고객은 행복을 느낄 수 있다. 기업은 상품 개발에 앞서서 고객이 상품을 직접 조합하는 과정의 기회를 제공하고, 독특한 경험을 만드는 커스터마이징 상품에 더 적극적인 아이디어를 가지고 있을 때 고객의 선택을 받을 수 있을 것이다.

☼ tip

자세히 알아보는
만다린 오리엔탈 호텔의
고객 맞춤 서비스 과정

✔ 고객 방문부터 철저하게
① 공항에서 고객을 픽업한 리무진 기사는 호텔에 도착하기 전, 호텔 안내데스크에 리무진이 언제 도착하는지 예상시간을 알린다.
② 담당 부서에서는 직원들에게 이 사실을 알리고 문서화하여 모든 직원에게 배포하며 도착시간과 고객 이름을 외우도록 한다.
③ 고객이 호텔 정문에 도착하여 차에서 내리면 직원은 고객의 이름을 부르며 인사를 한다.
④ 하루에 두 번씩 고객의 이름과 인상착의를 알리는 직원들만의 정보공유 시간을 가진다.

✔ 레스토랑에서 전날 고객의 주문사항을 기록하는 법
① 직원은 고객이 주문한 음식을 주문용지에 적어 둔다.
② 계산 시 방 번호를 별도의 고객 카드에 적어서 보관한다.
③ 고객관리과 컴퓨터에 고객의 취향을 입력하도록 전송한다.

6. 실수는 바로 해결한다

한 번만 눈감아줄까?

　고객이 행동을 잘못 해도 보는 즉시 제지하는 것은 무척 어려운 일이다. 고객의 부주의를 간과하면 안 된다는 것을 잘 알고 있어도 고객에게 잘못을 고지하고 중단 요청을 하는 것은 현실적으로 쉬운 일이 아니다. 만약 그로 인해서 불만고객이 발생하면 지금까지의 노력은 수포로 돌아가 처음에는 고객의 잘못으로 시작된 일이 어느 순간 직원의 잘못으로 둔갑하는 억울한 상황이 될 수도 있다. 설령 고객이 잘못했다고 할지라도 직원에게서 그만하라는 말을 듣게 되면 사람은 본능적으로 핑계나 변명, 공격적인 자세를 취할 수도 있기 때문에 고객의 감정을 최대한 건드리지 않고 배려하는 모습으로 다가가야 한다. 다음은 여러 음식점 대표들을 모시고 진행한 강의에서 들은 이야기이다.

::

    한 음식점은 몇 년까지만 해도 손님들이 일부러 찾아가는, 항상 붐비던 곳이었다. 풍경이 아름다워 경치를 감상하기에도 좋았다. 하지만 경기가 나빠지면서 고객들의 발걸음도 차차 끊겼고 가게는 점점 한산해지더니 지역 이미지에도 금이 가기 시작했다. 자연스럽게 매출은 급감했고 영업을 지속해야 할지 고민인 상황이었다. 어쩌다가 고객이 찾아오면 그 자체만으로도 반갑고 감사할 따름인 지경이었다. 그러나 선량한 손님들만 있는 것은 아니었다. 하루는 음식점에 방문한 여러 명의 고객들이 담배를 피우기 시작하더니 아예 판을 벌려 화투를 치기 시작하는 것이었다. 사장과 직원은 난처한 채 안절부절 못하기만 했다. "고객님 판 치워 주세요! 조용히 해주시고요…"라고 했다가 고객들이 여기만 음식점이냐며 벌떡 일어나서 나가 버릴까 봐 두려워했던 것이다. '저런 고객마저도 끊길까 봐', '한 테이블이라도 장사해서 돈을 벌어야 하는데'라는 생각이 그들의 발목을 잡았다.

    위와 같은 상황이 실제로 닥친다면 어떨지 생각해보자. '손님들이 없으니 다른 팀이 들어올 때까지만 눈감아줄까?'라며 내심 갈등을 느낄 수도 있을 것이다. 그럴 때일수록 스스로 잘못된 타협을 하지 않도록 신경을 써야 한다. 눈앞의 이익만 생각하면 손님을 제지하지 않아도 될 것이다. 하지만 그렇게 되면 장기적으로 바라볼 때 결국 가게 이미지는 실추되며 매출은 떨어지고 넓게는 지역 이미지에 타격을 줄 수도 있다. 어수선하고 시끄러운 분위기의 음식점에 가족과 소중한 지인을 데리고 방문할 고객은 없을 것이기 때문이다.

제1장 성공을 부르는 우수기업의 키워드

비난이 아닌 상생(win-win) 화법

    고객과 기업의 거래를 일회성으로 끝내는 것이 아니라 지속적인 교류를 통해서 이익을 창출해야 하므로 고객과의 지속적인 관계유지에 도움이 되는 서비스는 과연 무엇인지, 상생(win-win)을 위해서는 어떤 응대 태도가 필요한지 정확히 판단하고 대처해야 한다.

    고객의 잘못된 점을 강경하게 고지하고 개선을 요구한다면 고객의 반발을 불러올 수 있다. 하지만 반발이 두려워 고객에게 지적을 해야 하는 상황에서 망설인다면 그 피해는 다른 고객에게도 돌아간다. 난처한 상황이 될 것을 미리 속단하여 무작정 피하면 이 역시 결과적으로는 기업의 손해다. '부드럽지만 자신의 입장을 관철'할 수 있는 다음 페이지의 tip을 숙지해 보자.

☀ tip

완곡하게 자신의 입장을 관철하기

✅ 지적이 아니라 협조를 부탁한다

고객에게 지적을 하는 것이 아니라 협조를 구하는 것임을 알린다. 잘못된 행동을 나무라거나 잘잘못을 가리는 행동으로 지적을 하는 것보다는 고객이 우리에게 협조해 줄 것을 당부하고 고마움을 표현한다.

✅ 협조에 감사한 대가를 표현한다

고객이 협조한 부분에 대해서 감사를 전하며 서비스를 해드릴 수 있다고 성의를 표시한다.

✅ 문제점은 즉각적으로 자제해 줄 것을 부탁한다

고객의 문제점을 보고도 못 본 척 방관하여 '나중에는 그만하겠지' 생각하거나 고객끼리 해결하게 하는 직원이 있다. 어렵고 복잡한 상황일수록 직원이 먼저 나서서 상황을 정리하도록 한다. '이번은 괜찮겠지, 한 번만 눈감아 주자, 다음에 잘하면 되지'라는 식의 태도는 오히려 타격을 입을 가능성이 크다. 무엇이든지 문제가 있을 때 미루지 말고 그때마다 해결하는 적극적인 자세가 고객에게 신뢰를 준다. 즉각적으로 현명하게 초기 대응만 한다면 후회는 없다. 서비스 현장에서는 초반에 대처를 잘하지 못하여 작은 문제가 결국 심각한 문제로 번지는 경우가 있기 때문이다.

7. 서비스의 핵심, 기본 지키기

아무리 강조해도 지나치지 않은 미소와 인사

서비스 우수기업은 접점직원의 작은 행동 하나하나가 회사 이미지에 얼마나 큰 영향을 미치는지 잘 알고 있으므로 정기적인 교육과 훈련을 반복적으로 실시하며 서비스의 기본을 강조한다. 그 후에는 직원들이 배운 내용을 고객에게 활용을 잘하는지 서비스 모니터링을 하여 서비스 역량을 평가하는 과정을 거친다. 직원의 사소한 행동까지 코치하기는 현실적으로 무척 어렵다는 것을 인지하면서도 기본적인 서비스 태도를 강조하고 반복 훈련하는 이유는 무엇일까?

기업 서비스 모니터링 결과를 보면 직원의 얼굴 표정이나 눈 맞춤, 인사 등 기본적인 서비스에 대한 불만이 상당수에 이른다. 이는 직원들이 '기본은 생략하고 넘어가도 괜찮은 것'으로 쉽게 여기기 때문이라고 분석해 볼 수 있다. 우수기업은 이를 파악하고 있기 때문에 기본을 항상 중요시한다.

일전에 전자제품 매장을 방문한 적이 있다. 그곳에는 여러 손님들이 있었는데 한 모녀가 매장에 들어간 지 얼마 되지 않아 바로 나오는 것이다. 이유를 물었더니 매우 간결한 답변이 돌아왔다. 신혼살림을 장만하기 위해서 매장에 들어갔는데 친절하게 인사를 건네는 직원도 없고 냉장고 위치를 물어 보았을 때에도 자신들을 쳐다보지도 않은 채 안쪽으로 들어가면 있을 거라고 건성으로 대답을 하더라는 것이다. 이런 태도로 고객을 맞이한다면 매장은 왜 만들었는지 모르겠다며 인터넷으로 혼수용 전자제품 주문할 걸 날씨도 더운데 괜한 외출을 했다고 하며 다른 매장으로 들어갔다.

이와 같이 현장에서 고객을 만나는 직원이 사무적으로만 응대한다면 제품의 우수성, 기업의 적극적인 영업활동도 순식간에 무용지물이 된다. 직원들은 '바빠서 그랬다. 다른 고객을 응대하다 보니 인사를 할 수 없다. 인사 한 번이 대수인가?'와 같은 이유로 자신의 잘못을 정당화하려고 한다. 그러나 어쩌다가 미소 한 번 짓지 않은 직원 때문에 떠나는 것이 고객이다. 그러므로 고객 응대 시 따뜻한 미소와 인사, 기본적인 서비스의 중요성을 인식하고 이행하고 있는지 자가 점검을 해보아야 한다.

고객에게 긍정적 신호를 보낸다

고객에게 인정을 받는 것은 시설 투자만 잘 해서 되는 것이 아니다. 고객에게 좋은 시설과 환경을 제공하는 것도 물론 중요하지만 오히려 직원의 모습이 고객에게는 밀접하고 직접적인 영향을 미친다. 그렇기에 오래된 건물이나 시설에서도 직원의 근무태도에 따라서 좋은 평가가 나오는 것이다. 직원이 고객을 만났을 때 고객에게 어떤 신호를 보내는지에 따라서 주변까지도 달라 보인다.

스트로크는 '사회생활 속에서 상호간에 자극을 주고 자극을 받는데 사용이 되는 일체의 수단'을 말한다. 여기서는 고객에게 보내는 신호를 '스트로크'라고 표현하겠다. 예를 들면 고객이 매장에 들어왔을 때 보내는 긍정적 스트로크(좋은 신호와 자극)는 밝은 인사이다. 다음 스트로크 실험에 관한 사례를 보며 이해해보자.

::

미국 뉴욕의 시러큐스 대학교(Syracuse University) 도서관에서 근무하는 사서에게 다음과 같은 부탁을 했다. '학생들이 들어오거나 나갈 때, 책을 주고받거나 도서 대출 반납 등 일을 처리할 때 하품하기, 시계 보며 인상 쓰기, 쳐다보지 않기. 인사 안 하기, 퉁명한 말 사용하기, 도서 건넬 때 떨어뜨리기' 등 부정적인 태도와 행동으로 자극(부정적 스트로크)을 보내게 했다. 사서의 그런 행동을 보고 자극을 받은 해당 학생들에게 "도서관에 대해서 어떻게 생각하느냐?"라는 이용소감을 묻자 결과는 "천정이 너무 낮다, 후덥지근하다, 벽 색깔이 어두침침하다, 조명이 어둡다" 등 부정적이었다. 그 후 같은 도서관에서 다른 실험을 했다. 이번엔 사서에게 친절하고 호의적으로 학생을 대해달라고 부탁했고 사서의 응대 태도가 공손하게 바뀌자 평가 결과는 바로 긍정적으로 나타났다.

반가운 마음가짐을 유지한다

일반적으로 사람들은 자신을 보고 웃으면 좋은 사람, 찡그리면 나쁜 사람이라고 생각한다. 이런 원리는 고객과 직원의 관계에도 이어진다. 고객은 기본 서비스나 직원들의 행동에 감동을 받기도 하고 불쾌해지기도 한다. 서비스 현장에서는 따뜻한 미소와 밝은 얼굴이 고객에게 호감을 얻는 지름길이다.

얼굴이 꽃이라면 미소는 향기와 같아서 미소 짓는 직원은 고객들의 마음도 화사하고 향기롭게 만들어 준다. '바쁘면 대충해도 된다. 사소한 것들을 어떻게 일일이 생각하면서 서비스할 수 있나?' 등과 같은 생각은 틀렸다. 오히려 고객들은 그 작은 것 때문에 실망하여 다시는 그 기업과 거래하고 싶지 않다고 느낀다. 서비스 현장에서는 작고 사소한 서비스가 큰 서비스로 이어지는 것이며 기본 서비스를 이행할 때 고객들이 만족할 수 있는 것이다. '고객이 너무 많은데 그때마다 언제 일일이 인사를 해?'라고 생각하지 말고 눈인사와 미소를 건네보자. 쳐다보지 않는 것은 무시당했다는 느낌을 들게 하므로 따뜻하게 쳐다보는 것만으로도 우리의 마음은 고객에게 전달된다.

기본을 갖춘다

기본기가 잘되어 있을 때 운동경기에서도 좋은 성적을 낼 수 있듯이 서비스도 기본을 중시하고 실천할 때 고객에게 인정받을 수 있으며 고객만족도 평가에서도 좋은 성적을 낼 수 있는 것이다. 기본을 경시하기 때문에 문제가 좋지 않게 확산되는 경우가 많다. 직원이 똑같은 실수를 해도 밝게 인사를 했더라면 직원이 어쩌다가 한 실수라고 그냥 넘어가겠지만 사람을 보고도 못 본 척 인사도 하지 않았던 직원으로 인식되면 "아까 그 직원?" 하며 고객의 괘씸죄에 걸려든다.

인사는 가장 기본적인 행동예절이다. 한자로 사람 인(人) 일 사(事)를 써서 '사람이 하는 일'을 의미한다. 즉 사람이 하는 가장 기본적인 도리의 행동이 인사이므로 인사를 하지 않으면 기본을 하지 않는 것이라고 생각한다. 고객과 마주칠 때, 고객을 배웅할 때 등 고객 응대의 처음과 끝은 인사로 해야 하며 엘리베이터를 타고 내릴 때, 사람의 앞을 먼저 지나쳐야 할 때, 사과를 해야 할 때 등도 상황에 맞는 바른 인사를 해야 한다. 하지만 서비스의 핵심을 놓치면 어떤 결과를 가져올까? 다음은 매장을 방문하여 서비스 모니터링을 실시했던 어느 회사의 이야기이다.

::

회의 시간에 고객을 대상으로 실시한 고객서비스 모니터링의 결과를 듣게 된 ○○ 지역 본부장. 그는 자신이 관리하는 지역의 모니터링 성적이 가장 저조한 것에 대해 불만을 강력하게 표시했다. 본부장은 "대체 누가 서비스 모니터링을 했기에 이렇게 낮은 평가를 받게 된 것인지, 모니터링 방식에 잘못이 있는 것은 아닌지"라고 말하며 결과를 납득하지 못했다.

본부장은 서비스 개선을 위해서 자신이 얼마나 많은 정성을 쏟아 부었는지에 대해 자세한 설명을 했다. 고객 대기시간 단축, 화장실 청결도, 고객 휴게실, 놀이방 신설 등에 힘을 썼건만 중요한 지표가 되는 서비스 모니터링에서 성적이 최하위

라는 것은 납득할 수 없다는 말도 덧붙였다. 모니터링을 담당했던 서비스 컨설턴트는 해당 지역에 대한 서비스 평가 점수가 낮은 주요 원인을 분석했다. 그 결과 서비스 환경은 개선되어 훌륭하지만, 직원들의 서비스 태도와 접객 응대 매너에 대한 점수가 현격하게 낮았다고 말했다. 이는 고객에게 신뢰감을 떨어뜨리기 충분하고 이로써 다른 항목의 점수에도 부정적인 여파가 미쳤을 것이라고 전했다.

실제로 회사의 고객의 소리에는 '일 처리는 신속하고 좋은데 직원이 무뚝뚝하다', '순서를 지키지 않는다며 직원에게 혼났다', '질문을 했더니 보지도 않고 손가락으로 가리켰다', '매장이 바쁜 건 이해하지만 조금만 웃어 주면 더 좋았을 것이다'라는 내용들이 많았다. 본부장은 고객의 만족이나 불만은 일선 직원들의 사소한 서비스 태도에서부터 비롯된다는 것을 새삼 깨달았다.

아무리 서비스 환경이 좋아졌을지라도 고객은 부정적인 심리가 이미 생겼기 때문에 평가 역시 부정적으로 할 수밖에 없다는 것을 잘 알 수 있는 사례이다. 자신이 다가와도 바로 고개를 들어 바라보지 않고 인사도 없는 직원들을 보며 고객은 불만을 품을 수밖에 없다. 기초 공사가 잘못되었을 때 언젠가는 큰 건물도 무너지듯이 고객서비스에도 기본이 무너지면 큰 것이 무너질 수 있다는 것을 느끼면서 마음속으로 크게 외쳐본다.

'기본으로 돌아가!'

8. 진정한 고객만족이란?

::

2015년, 전국의 경찰을 대상으로 고객만족 우수사례 경진대회가 6회 연속 열렸다. 해마다 참가자들이 늘어나고 있는데 2014년에는 약 600:1의 경쟁률 뚫고 10여 개 팀이 최종 본선에 오를 만큼 전국 13만 경찰관에게는 가장 의미 있는 대회이다. 최종 심사현장에서는 경찰관들이 1년 동안 현장에서 직접 경험하고 실험한 고객만족의 사례를 공유하고 성과를 평가받았다. 사례는 내부고객만족 분야와 외부고객만족 분야로 나뉘는데 전국의 경찰관들이 사례를 동시에 공유하여 벤치마킹할 수 있는 시스템을 구축해 현장 적합성이 높은 것을 선정한다. 대회 현장은 그 어느 곳보다 응원 열기가 뜨거웠으며 국민에게 가장 감동을 주고 필요한 사례를 실천한 1등 수상자에게는 승진이라는 특별한 기회와 행운도 주어졌다.

경찰과 고객만족은 얼핏 보면 어울리지 않는다고 생각하는 독자도 있겠지만 국민 중심의 경찰활동이 이루어진다는 점에서 일종의 고객만족이라 할 수 있으며 중요하게 평가받는 요소이기도 하다. 고객만족을 외치면서 정작 현장에서는 고객만족을 얼마나 실천하고 있는지에 대한 검증을 하지 못하는 기업이 더 많은 실정이다. 그러나 경찰청에선 해마다 고객만족 우수사례를 발굴하고 이를 공유 및 전파하여 현장에서 활용할 수 있게 한다. 이는 직접 발로 뛰는 경찰관에게 고객만족 마인드를 자연스럽게 확산, 실천하는 데 큰 도움이 되었다. 이벤트나 행사처럼 일시적인 대회로 생각했더라면 이만큼의 성과는 없었을 것이다. 고객만족은 한 번에 몰아서 일정한 시기에만 실천하는 것이 아니라 '꾸준히', '언제나' 실천할 때 진정한 고객만족이 가능한 것임을 경찰행정서비스가 모범적으로 제시하고 있다.

사전 기대를 아는 것

미국의 존 굿먼(John Goodman) 박사는 고객만족경영이란 "고객의 기대와 요구에 부응하여 그 결과로써 상품, 서비스의 재구입이 이루어지고 그 기업에 대한 고객의 신뢰감이 연속되는 상태"라고 정의했다. 즉 고객의 만족도를 높이고 회사의 재거래를 유지하기 위하여 가장 선행되어야 하는 과제는 고객의 사전 기대를 정확히 파악하여 끊임없이 사전 기대 이상의 서비스와 상품을 제공하는 것이 올바른 고객만족이라는 것이다. 간단하게 정리하면 고객만족은 '고객의 사전 기대를 이해하는 것'. 기대 이상의 서비스를 제공하는 것이라고 볼 수 있다.

사전 기대에 따라서 고객의 만족감도 차이가 난다. 같은 서비스라 할지라도 사전 기대가 높으면 만족감이 낮아지고 기대가 낮으면 만족감이 높아지는 것. 일반적으로 고객은 자신이 값을 비싸게 지불한 사항에 대해서 많은 것을 기대하고 또한 자신이 처한 상황에 맞는 '지금' 필요한 것을 원한다. 따라서 공급자의 입장에서는 기대감이 높아진 고객에게 기대 이상의 서비스를 제공하도록 노력해야 한다.

> 고객이 명품을 구입할 때와 가격이 싼 물건을 구입할 때,
> 비행기를 이용할 때와 버스를 이용할 때,
> 백화점을 이용할 때와 시장을 이용할 때,
> 레스토랑을 이용할 때와 분식집을 이용할 때,
> 호텔을 이용할 때와 민박을 이용할 때

등 고객의 사전 기대는 각각 다르다. 일반적으로 높은 가격을 지불할 때에는 기대감이 높아져서 고급스럽고 다양한 서비스를 기대하는데 가격과 무관하게 별다른 차이가 없는 서비스를 제공받았다면 고객은 불만을 느끼게 된다. 한 예로 분식집은 대체적으로 가격이 저렴하기 때문에 식탁이 제대로 닦여 있지 않아도 바빠서 그랬나보다, 하고 고객이 이해를 하며 플라스틱 컵에 물을 직접 따라 먹는 것도 당연하게 받아들인다. 바닥에 냅킨이 떨어져 있어도 이해할 수 있다. 하지만 호텔 레스토랑에서 식사를 한다면 이런 상황을 감수하고 넘어갈 수 있을까? 호텔 고객은 최고급 시설과 고품격 서비스를 기대한다. 직원이 수시로 관심을 가지고 서빙하며 지속적인 리필을 해 줄 것을 원할 것이다. 만약 이에 미치지 못한다면 자신이 비싼 값을 지불한 만큼 되돌려 받지 못했다고 여겨 불만을 느낀다. 일

반적으로 분식집에서 식사를 하는 고객의 사전 기대는 그다지 높지 않기 때문에 그저 그런 서비스가 제공되더라도 고객은 대체로 만족한다. 호텔 레스토랑의 서비스가 뛰어나다고 할지라도 오히려 절대적인 서비스가 낮은 분식집이 고객만족을 얻어내는 결과를 초래할 수도 있는 것이다.

'지금' 필요한 것을 제공한다

고객의 요구는 어느 업종을 막론하고 더욱 세분화되고 있어 고객을 만족시키기란 어렵다. 고객이 무엇을 원하는지에 대한 기대치를 파악하지 못한 기업의 상품과 서비스는 실패라고 할 수 있다.

신용카드를 예로 들어보자. 카드사 직원이 이 카드엔 교통카드 기능이 있고 다양한 외식업체와 영화관이 할인이 되어 자신이 좋아하는 카드라고 적극 권유한다. 하지만 내게는 불필요한 기능의 카드다. 구매욕이 생기지 않는 것이다. 판촉 직원 중에서는 종종 자신이 직접 물건을 사용을 해보니 좋았다면서 고객의 의견을 들어보지도 않고 상품을 추천할 때가 있다. 평양감사도 저 싫으면 그만이다. 아무리 좋아 보여도 구매하는 고객의 마음에 들어야 한다. 직원이 바라는 제품이 아닌 고객이 지금 필요한 '그것'을 찾아야 한다. 고객은 직원이 상상하는 이상으로 다양한 상황에 처해 있으며 그에 따라 매우 다양한 니즈를 가지고 있다.

다시 카드를 예로 들어보겠다. 은행에서 새로운 카드를 제작하여 광고를 대대적으로 했다. 광고를 접한 고객들은 자신이 현재 어떤 카드를 소유하고 있는지 따져 보고 앞으로 새로운 카드를 갖게 된다면 어떤 카드가 필요할지 기대를 할 것이다. 여행을 좋아하는 고객의 경우는 항공사의 마일리지 적립이 많이 되는 카드를 더욱 선호할 것이고 학부모의 경우는 학원비, 교재 등이 할인되는 카드를 좋아할 것이다. 영업사원들은 차량으로 움직이기 때문에 주유소 마일리지가 더욱 필요할 것이고 카드를 많이 소지하고 있는 고객은 연회비 없이 사용할 수 있는 카드를 원할 것이다. 카드를 가지고 다니기 귀찮은 고객은 가급적 많은 사항이 담긴 한 장의 카드를 상상해 볼 것이다. 이와 같이 고객은 자신의 상황에 필요한 카드를 만나면 카드 발급을 하겠지만, 자신과 무관한 카드라면 혜택이 좋더라도 지나칠 뿐이다.

차가 없는 고객에게 주유소 마일리지 적립 카드를 추천하고, 미혼인 고객에게 아이들 학원비가 할인되는 카드라며 앞으로 필요할 테니 미리 만들라고 권유하는 것은 이가 아픈 사람에게 나중에 드시라면서 바로 먹어야 하는 갈비를 주는 것과 같다. 직원의 입장이 아니라 '고객이 바라는 그것'을 '지금 제공'하는 것이 고객만족이다.

고객이 기업을 걱정하게 만든다

고객만족이 점점 어렵다고 하는 기업들이 많다. 좋은 서비스를 받은 고객의 기대치가 내려가지 않고 점점 기대감이 상승 곡선을 그리기 때문이다. 고객서비스와 고객 중심의 정책에 만족했던 고객들도 이제는 특별하게 다가오지 않으면 움직이지 않는다. 기대감이 높은 현재의 고객은 행복의 기준이 점차 높아져서 오히려 행복한 감정을 느끼지 못하는 '쾌락의 쳇바퀴(hedonic treadmill)', '만족의 쳇바퀴(satisfaction treadmill)'에 빠져들고 있다.

쾌락과 만족의 크기를 비슷하게 유지하려면 이전보다 더 강한 자극이 있어야 한다는 것이다. 그래서 기업은 서비스에 어려움을 호소한다. 기대 이상의 서비스라고 하면 비용이 많이 들어간다는 선입견을 갖는 기업이 많지만 반드시 그런 것만은 아니다. 오히려 비용을 투자하여 고객을 만족시키는 것은 경쟁 기업이 바로 따라 할 수 있기 때문에 오래 버틸 수 없으므로 고객들의 기억에서 쉽게 사라진다. 진정한 고객만족은 고객의 감성을 자극하여 좋은 걱정을 끼치게 한다. '이 가게, 이러다 망하지 않나?', '손해를 보면서라도 기꺼이 해주다니!', '우리들의 추억이 있는 곳인데…… 없어지면 안 돼!' 이런 염려를 하게 하는 것이다. 아래 사례들을 살펴보자.

::

일전에 집으로 방문한 친척이 왕돈가스로 유명한 가게에서 돈가스를 포장해온 적이 있다. 어른 손바닥보다 훨씬 큰 사이즈에 깜짝 놀랐고 저렴한 가격에 또 놀랐다. 밑반찬과 돈가스 소스, 국물 등이 푸짐하고 깔끔하게 포장이 되어 있는데 '이렇게 팔아서 뭐가 남을지' 궁금했다. 후에 왕돈가스 음식점에 직접 방문했다. 교통이 편리하지도, 대로변에 위치하지도 않았는데 사람들이 찾아 가서 줄 지어 기다리고 있는 모습에서 인기를 실감할 수 있었다. 음식점에는 재미 요소도 있었다. 눈물을 쏙 빼는 매운 돈가스도 있었고 엄청난 양의 밥과 돈가스를 정해진 시간 안에 먹으면 무료로 식사를 할 수 있는 행운의 기회도 있었으며 미션에 성공한 손님들의 사진을 벽에 붙여 놓음으로써 가게의 스토리도 만들고 있었다.

점포 임대료, 인건비, 운영비 등 고정적인 관리비가 꽤 많이 들 텐데 이렇게 팔고도 손해 보지는 않을지 손님 입장에서 걱정할 정도였다. 하지만 그렇게 운영된다고 해도 사실상 식당은 경영난을 겪지 않는다. 운영시 고정비용은 언제나 들어가므로 많은 손님이 방문하여 좌석 회전율을 높이는 것이 오히려 장사의 승패를 좌우하기 때문이다. 고정 비용은 고객의 방문 횟수와 상관없이 금액이 정해져 있으니 고객이 많아지면 음식의 재료비만 늘어나는 셈이다. 음식이 많이 팔리면 이때 재료비는 상대적으로 줄어 결과적으로는 가게에 이익이 발생한다. 고객은 가게의 경영 원리를 다 파악하지 못한다. 그래서 걱정하는 마음에 더 발걸음을 하게 되는 것이다.

::

어느 날, 대형 전자업체 LG 고객센터에서 전화가 왔다. 사용 중인 노트북 전원 코드를 무상으로 교체해 준다는 내용이었다. 그동안 아무런 문제도 없었고 현재 고장이 나지 않은 상태라고도 했지만 상담원은 보다 안전한 제품을 사용할 수 있도록 전원을 교체한다고 했다. 고객이 매장을 직접 방문해서 수령을 해도 되고 주소지를 알려주면 전원 코드를 택배 발송처리 하겠다고 했다. 고객이 별도로 지불할 비용은 없다고도 전했다. 이후 새 전원 코드를 수령해 교체를 마쳤다.

기업은 매뉴얼대로 고객에게 연락하여 제품을 교체하는 것일 뿐인데 고객 입장에서는 평소 사고 싶었던 제품을 우연히 좋은 조건으로 얻은 기분이 들면서, 기대하지도 않았던 전자업체의 서비스에 감동을 받는다. 자신들의 비용을 감수하면서 고객에게 보답하고 감사하는 적극적인 노력이 느껴지니 기업에 대한 신뢰도도 높아진다. 고객이 기업을 걱정하고 기업이 감사하다면 그 기업은 살아남는다. 조금은 이상한 논리로 느껴지겠지만 불변의 진리이다.

::

고려대학교의 명물인 영철버거의 시작은 1,000원 길거리 버거였다. 햄버거 원가가 올랐을 때에도 사장은 고객과의 약속을 위해 4년 동안 개당 200원의 손해를 감수하면서도 1,000원을 고수했으며 학생들을 위한 장학금 기부도 꾸준히 했다. 시간이 지날수록 치솟는 물가에 사장님은 견디기 힘들어 장사를 접을까 생각했지만, 학생들을 배신했다는 오해를 받고 싶지 않아 학교로 찾아가 '내년에는 꼭 드릴 텐데 올해는 장학금을 드리기 어려울 것 같다'는 뜻을 전했고, 학교 측은 오히려 감사한 것은 우리 학교라며 보답으로 졸업식과 입학식에 방문하는 사람들을 위해 1만 개의 버거를 주문한 일도 있었다. 그러나 2000년대 후반부터 대대적인 변화를 맞이했다. 물가가 1,000원을 유지하지 못할 정도로 올랐기 때문이다. 사장은 시대 흐름에 맞게 고급화 전략을 구사하여 가격을 올렸지만, 1,000원이라는 기존의 가게 이미지를 넘지 못했다. 결국 2015년 7월, 학교 앞 본점이 폐업하고 말았다. 이 소식에 대학교 학생회는 '비긴어게인 영철버거'라는 이름의 프로젝트를 결성하여 11월 재개업을 목표로 자금을 모으기 시작했고 하루만에 자금 목표를 초과달성한 쾌거를 이루었다.

학생들은 주위에 베풀어준 가게 사장님의 온정과 추억이 사라져서는 안 된다며 입을 모아 말하며 가게를 지키고자 했다. 기업만이 고객을 사랑하는 것이 아니라 고객도 봉사 희생하는 기업에게 감사함을 느낀다. 고객은 그 감사한 마음을 깊이 간직했다가 물건을 구입하거나 홍보하는 등 자신만의 방식으로 보답하여 기업을 지켜준다. 기업을 받쳐주는 힘, 바로 고객이다.

진정한 고객만족은 3요소를 곱하는 것

2017년, 인천국제공항은 12년 연속 세계 최고의 서비스를 자랑하는 공항으로 선정되었다. 현재는 공항 서비스 평가에 참여를 중단해 수상은 2017년이 마지막이다. 세계 공항 서비스 평가[1]에서 종합 평가 결과 5점 만점에 4.99점이라는 기록을 세우며 전 세계 1,900여 개 공항 중 1위를 차지했음에도 '세계 1위는 기록일 뿐 지금이 기회이자 위기'라고 말한다. 인천공항은 매일 수시로 고객의 상황을 체크한다. 고객 만족을 잠시라도 게을리

---

1 세계 공항 서비스 평가(ASQ, Airport Service Quality): 공항 직원의 친절도와 시설의 청결도, 이용 용이성 등 서비스, 시설 및 운영 분야에 걸쳐 총 34개 평가 항목에 대해 고객의 만족도를 측정해 종합평가함.

한다면 실망한 고객들로 인해 기업이 도태될 수 있기 때문이라고 강조한다. 다양한 내용의 고객의 소리가 접수되면 집중관리팀에서 먼저 내용을 확인하고 각 해당 팀의 담당자에게 전송하여 해결을 할 수 있도록 유기적인 시스템을 구축하여 고객이 요청한 사항에 대한 해결책과 궁금증을 해소시킨다. 고객의 소리에 집중하고 고객의 요구를 정확히 파악하여 고객에게 맞는 맞춤식 응대 서비스는 명실상부 세계최고의 공항으로 인정받는 비결 중의 하나이다. 그렇다면 고객이 원하는 것은 무엇인가? 크게 3가지로 구분하여 설명할 수 있다.

고객만족의 3요소에는 휴먼웨어(humanware), 하드웨어(hardware), 소프트웨어(software)가 있다. 업장이 음식점일 경우 서빙 직원은 휴먼웨어, 음식점 시설은 하드웨어, 음식 맛은 소프트웨어에 해당된다. 직원이 아무리 친절하더라도 음식 맛이 형편없다면 고객은 만족할 수 없으며 음식 맛이 아무리 좋아도 음식점 청결도가 좋지 않으면 음식을 맛있게 먹을 수 없을 것이다. 고객만족 3요소 중 어느 하나도 중요하지 않은 요소는 없다. 독자들의 이해를 돕기 위해 인천공항을 예시로 하여 고객만족 3요소를 설명한다.

• 휴먼웨어

공항 전 직원의 서비스 마인드를 업그레이드하기 위하여 지속적인 교육과 경영진의 관심이 있었기에 서비스 문화를 빠르게 구축할 수 있었다. 한 국가의 첫인상은 공항 근무자들의 표정이나 고객 응대태도에서 결정될 가능성이 크기 때문에 인천공항은 협력 업체를 포함, 공항 근무자 대상으로 교육 기회를 정기적으로 마련했다. 직원 자신이 대한민국의 얼굴이라는 자부심을 스스로 느끼게 만들어 자발적인 서비스를 가능하게 만드는 것이다. 사람만이 할 수 있는 따뜻한 서비스는 고객에게 잊지 못할 감동을 준다.

• 하드웨어

세계의 유수 공항을 많이 다녀보았지만 인천공항의 시설은 고객 중심으로 편리하게 디자인되었고 다양성이 공존하여 구축된 독보적인 공항이다. 고객의 입장을 고려하여 공항을 이용할 때 필요한 시설이 무엇인지를 생각해 고객이 보다 편리하고 쉽게 공항시설을 이용할 수 있도록 편의 시설, 상업 시설, 주차 시설, 무료 컴퓨터 시설과 샤워 시설, 휴식 공간과 라운지 등을 설계하였다. 2018년에 공식적으로 개장한 인천공항 제2터미널은 아트포트(Artport, Art+Airport) 개념의 엔터테인먼트 공간으로 꾸며졌다. 각종 볼거리로 사람들의 시선을 사로잡고 있다.

• 소프트웨어

인천국제공항에서는 고객이 불만을 제기했을 때 해결할 수 있는 불만고객 응대 처리시스템, 출입국 시 길게 대기하지 않아도 한 번에 통과할 수 있는 자동 출입국 심사제도, 그보다 더 발전된 무인탑승 수속기, 공항에서 장시간 머무는 고객을 위한 시내 투어 프로그램, 스마트 카운터에서 자동으로 수화물을 위탁해 탑승 시간을 단축하는 등 첨단기술로 승객들에게 서비스하고 있다.

위의 고객만족 3요소가 원만하게 조화를 이룰 때 진정한 고객만족이 가능한 것이며 만약 어느 하나라도 소홀하다면 이는 곱하기 원리와 같아서 고객만족은 0점이 된다. 최고의 시설을 갖췄다고 해도 직원이 불친절하다면 고객은 불만을 갖게 될 것이고 직원이 친절하더라도 고객서비스 프로그램이 제대로 구축되지 않았다면 고객만족은 어불성설이다. 그렇기에 고객만족은 3요소의 조화를 이룰 때 빛난다.

2장 역지사지, 고객의 시선으로 접근한다

직원의 고객지향적인 사고와
서비스는 기업 평판으로
이어집니다. 2장에서는 친절한
덕목과 같은 기본 서비스 요소와
서비스를 제공하는 현장직원의
태도, 고객의 구매심리와 직원의
판매서비스, 고객 성향별 서비스에
대해 알아봅니다.

타인에 대한 배려심, 어디서든 통한다

일전에 제가 해외교육을 위해 집에서 공항까지 가던 도중에
생긴 일화입니다. 해외에서 제 강의에 참석해주실 교육생들에게
고마운 마음을 전하고자 책 몇 권을 선물로 드리기로 했습니다.
어깨에 핸드백과 작은 배낭을 메고 수십 권의 책 무게가 더해져서
무거워진 트렁크를 힘겹게 끌며 현관을 나섰습니다. 하지만,
때마침 아파트 엘리베이터가 수리 중어서 12층에서 1층까지
계단을 이용해 가방을 끌고 내려가야 했습니다. 바퀴가 달린
트렁크라 평지에선 끌기 수월했지만 계단을 내려갈 때는 쿵쿵
소리가 울려 퍼져서 가방의 바닥을 살짝 들어 올리면서 소리가
나지 않도록 내려와야 했습니다. 어찌나 힘이 들던지 7층에서
잠깐 멈춰서 숨을 고르고 있었습니다. 그때 7층 아주머니가 저를
보시더니 바로 사태 파악을 했다는 듯 망설임 없이 제게 다가와
트렁크의 밑을 받쳐주셨습니다. 겉보기에는 저보다 힘이 훨씬
약해 보여서 거절을 했지만 '위에서부터 내려오느라 얼마나
힘이 드느냐'면서 1층까지 함께 내려와 주었습니다. 아주머니의
도움 덕분에 가뿐하고 행복한 마음으로 지하철역까지 도착할
수 있었습니다. 그런데 이번에는 지하철역의 에스컬레이터가
공사 중이었습니다. '날을 제대로 잡았구나' 싶었습니다.
에스컬레이터를 타면 1분도 안 걸릴 거리를 한 계단 한 계단
내려가다 보니 10분도 더 걸릴 것 같았는데 지나가던 남학생이
도움을 준다면서 트렁크를 같이 들어 주었습니다. 계단에서
가방을 드는 것이 힘이 더 많이 들었을 텐데 웃는 얼굴로

도움을 베풀어준 학생에게 연거푸 감사인사를 했습니다.
덕분에 무사히 전철을 탈 수 있었습니다. 그 뒤로도 제 짐
때문에 민폐는 계속되었지만 그때마다 도움을 주신 분들이
계셔서 공항에 무사히 갈 수 있었습니다. 탑승수속을 마치고
비행기 좌석에 앉으니 공항까지 오는 길에 도움을 주신 분들이
떠올랐습니다. 이웃 아주머니 한 분을 제외하고는 모두 처음
만난 분들입니다. 그분들이 아니라면 완전히 녹초가 된 상태로
공항에 도착했을 것이고 해외 공항에서 관계자들을 활기찬
모습으로 만나지 못했을 것입니다. 이런 생각을 거듭할수록
그들에게 더욱 고마웠고 '친절한 사람들 덕분에 이 세상이
행복해진다'고 생각했습니다. 그래서인지 저는 혼자 무거운
짐을 들고 가는 사람에게는 '도와드릴까요?'라는 말을 항상
건넵니다. 그렇게 저의 친절을 받은 사람도 나중에는 자신이
먼저 타인에게 도움의 손길을 내밀게 되겠지요.

친절은 돌고 도는 부메랑과 같은 것입니다.
일상생활에서 접하는 여러 기업의 수많은 상품과 직원들 역시
제가 우연히 만난 고마운 사람들과의 만남과 별반 다르지
않다는 생각이 듭니다. 직원이 고객을 만나 보여 준 친절은
고객에게는 행복한 마음을 만들어줍니다. 행복한 고객은 그
마음을 주변 사람들에게 계속 알립니다. 고객만족 우수기업의
비결도 특별한 게 아닙니다. 기본을 갖춘 친절, 이미지, 고객
응대 등 서비스를 충실히 하는 것!
그게 바로 우수기업의 비결이자 변하지 않는 진리입니다.
두 번째 장에서는 친절 덕목과 같은 서비스의 가장 핵심인
요소를 되짚어 보겠습니다.

1. 친절과 불친절

친절의 선순환

같은 회사, 같은 매장에서 근무하는 직원들이라도 상냥하고 친절한 직원이 있는가 하면 딱딱하고 불친절한 직원도 있다. 친절한 직원이 근무를 할 때에는 고객서비스에 문제가 없지만, 친절한 직원이 근무를 하지 않게 되면 불친절한 직원만 남는다. 바로 이때가 고객서비스에 구멍이 생기는 시간이다. 만약 불친절한 직원만 만난 고객은 다시는 그 매장을 가지 않을 것이다. 단 한 번의 만남으로 그 매장은 영원히 불친절한 곳으로 낙인이 찍히는 것이다. 불친절한 직원이 근무하는 상황이 문제이다. 서비스를 제공하는 직원 간에 서비스 편차가 있을 경우 고객들의 불만은 끊임없이 계속된다. 이는 기업의 이미지와 매출에 바로 영향을 미치기 때문에 불친절한 직원이 한 명이라도 있으면 고객에게 불쾌감을 줄까 기업은 언제나 고민이다.

그렇다면 기업은 직원에게 어떻게 친절의 중요성을 인식시키고 서비스 정신을 심어 줄 수 있을까? 세계 최고의 서비스와 친절을 자랑하는 미국의 노드스트롬(Nordstrom)이 있다. John W. Nordstrom과 Carl F. Wallin에 의해 설립된 백화점으로 일찍부터 고객서비스를 최우선의 가치로 삼고 직원들에게 서비스 정신을 심어주었다. 노드스트롬 백화점의 존 노드스트롬(John Nordstrom)은 다음과 같이 서비스를 강조한다.

"우리 사업의 관심은 100% 고객서비스에만 집중되어 있다. 우리는 금융시장을 신경 쓰지 않으며 부동산 시장에도 관심이 없다. 우린 수익을 얼마나 올릴지에 대해서도 관심을 갖지 않는다. 다만 고객서비스에만 신경을 집중할 뿐이다. 그다음에 이윤을 거두면 더욱 좋을 것이다. 그러므로 고객서비스가 항상 우선이다. 내가 매장의 영업직원이고 이 매장의 주인이 고객서비스를 중요시 한다는 것을 알고 있다면 나는 좋은 고객서비스를 제공하기 위한 새로운 방법을 끊임없이 찾아내려 할 것이다. 내가 고객서비스를 하는 것 때문에 회사로부터 문책을 받지 않을 것임을 잘 알고 있다. 문책을 받을 경우는 내가 고객서비스를 제대로 하지 않을 때뿐이라는 것도 잘 알고 있다."

::

노드스트롬에 방문한 어떤 여성 고객의 일화이다. 그녀는 노드스트롬에서 블라우스를 세 번 주문했지만 모두 마음에 들지 않았다. 그런 이유로 백화점에 무척 실망하여 근처 다른 백화점으로 가려던 중이었다. 그때 점심을 먹으려고 걸어가던 판매 직원 사라가 그녀를 만나게 되었다. 사라는 식사 시간을 기꺼이 반납하고 자기 매장의 고객도 아닌 그녀에게 다가가 선뜻 "무엇을 도와드릴까요?"라고 말을 건넸다. 그리고 고객의 이야기를 듣고는 성심성의껏 상황을 해결해주었다. 직원이 최선을 다하는 모습을 보며 고객은 백화점에 대한 인식을 새롭게 가지게 되었다. 그 당시 사라가 도왔던 고객은 노드스트롬 백화점 역사상 최고의 이익을 안겨준 고객이 되었다.

친절한 직원 덕분에 고객은 백화점을 떠나지 않았다. 오히려 충성고객이 되어 기업의 매출에 기여했다. 이처럼 만족한 고객은 긍정적 소문을 내어 주고 새로운 고객에게 좋은 정보를 주게 되며 고객의 수요가 늘어나는데 한 몫을 한다. 회사 측에서는 경영상의 이익이 증대되어 바로 친절의 선순환이 된다.

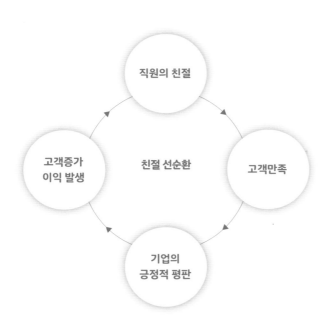

불친절의 악순환

공급이 부족하던 시절에는 제품을 구입하려는 고객의 수요가 훨씬 더 많았기 때문에 고객을 응대할 때 서비스가 다소 부족해도 구입에는 별로 영향을 미치지 않았다. 하지만 이제는 상품의 공급이 많아지고 다양해지면서 시장경제는 고객의 시장(Buyer's Market)으로 변화하여 이제는 친절하지 않으면 고객을 사로잡을 수 없다. 불친절을 경험하게 되면 기업에 대한 신뢰도마저 한 번에 무너진다. 아무리 광고를 멋있게 하고 홍보를 적극적으로 한다고 해도 막상 직원을 만났을 때 기대감이 무너지는 경우가 많다.

::

우리나라 대표 외식업체 프랜차이즈에서 일어난 일이다. 외국인 바이어 2명과 함께 방문한 고객이 세트 메뉴 음식이 조금 남아서 포장을 요청하자 매장 직원은 포장비도 나오지 않는다며 다른 직원에게 "해달라잖아. 해줘! 아, 뭘 그걸 따로따로 해? 그냥 한 번에 포장해!"라며 신경질적인 태도를 보이더라는 것이다. 외국인 입장에서는 단편적인 모습이 강한 인상으로 남아 한국은 음식을 포장해달라고 하면 화를 낸다고 오해한 것이다. 그 외국인은 포장된 음식을 SNS, 해당 업체의 홈페이지와 여행 블로그에 사진까지 올려놨다고 한다. 이후 인터넷에 일파만파로 퍼져 음식점에 대한 비난이 쇄도했고 회사는 서비스에 만전을 다하겠다는 공식사과문을 발표했다.

프랜차이즈의 경우 가맹점 수가 갑자기 증가하면 상대적

으로 관리할 점포가 늘어나기 때문에 본사에서는 서비스 관리와 측정을 예전보다 꼼꼼하게 하지 못할 때가 있다. 이때 몇몇 직원의 불친절한 서비스가 더해진다면 기대감을 가지고 방문한 고객이 실망하게 되어 좋았던 기업 이미지에 금이 간다. 지점마다 서비스가 다르다는 얘기도 이런 점에서 비롯된 것이다. 격차 없이 평준화된 서비스를 위해서는, 시간제 아르바이트를 고용하여 짧게 근무를 한다고 하더라도 매장의 근무수칙을 제대로 숙지한 후에 일할 수 있도록 교육해야 한다. 불친절한 서비스는 고객의 불만을 불러 오고 고객의 불만은 부정적인 소문을 유발하여 고객이탈율을 높이기 때문이다. 고객이탈율이 높을수록 자연스럽게 기업은 이미지가 추락하고 매출이 감소한다.

서비스 정신은 아무리 강조해도 지나치지 않는다. 서비스라는 틀 안에서 면제되는 직원은 없다. 한 명의 직원이 불친절하더라도 고객이 불만을 느낀다면 고객은 즉시 떠난다. 따라서 서비스는 전 임직원이 실천해야 하는 것이다. 친절한 직원은 고객을 불러오고 나아가 경영 이익까지 부른다. 이는 직원의 경영상의 마인드에도 도움을 준다. 고객은 직원과 만나는 순간과 동시에 기업을 판단하기 마련이다. 직원과 기업을 별개로 생각하는 고객은 없기 때문에 언제 어디서나 고객을 만나면 친절하도록 강조한다. 기업은 평판을 먹고 산다. 즉, 친절한 모습이 곧 기업인 것이다.

2. 눈으로 평가하는 직원과
마음으로 대하는 직원

은행이나 백화점, 호텔, 음식점과 같은 곳을 방문할 때 초라한 차림을 보고 직원이 무시하는 느낌을 받을 때가 있다. 많이 개선되었다고 하지만, 여전히 외모만으로 고객을 평가하는 직원이 있다. 이는 고객에게 불쾌감을 유발하고 자존심을 상하게 만든다. 이번에는 눈으로 평가하는 직원과 마음으로 대하는 직원을 생각해 보자.

눈으로 평가하는 직원

::

일전에 은행 교육을 할 때 들은 이야기이다. 그 은행 옆에는 유명한 수산시장이 있다. 매일 아침, 은행 문이 열리자마자 방문하는 할머니가 있다. 시장에서 일하는 할머니를 어떤 직원도 반갑게 환영해주지 않았다. 돈에서 어찌나 생선 냄새가 많이 나던지……. 은행원들은 돈을 만지는 것도 부담스러워했다.

직원들은 할머니의 돈을 만질 때는 숨을 들여 마시고 한동안 쉬지 않고 있다가 할머니가 나가면 "휴~" 하고 크게 숨을 내쉬곤 했다. 그런 까닭에 할머니는 돈을 건넬 때면 죄인이 된 것처럼 얼른 돈을 입금하고 나서 재빨리 은행 밖으로 줄행랑을 쳤다. 그 모습을 얼마간 지켜보던 청원 경찰이 할머니가 은행 밖으로 나가는 모습을 확인하고 창구 담당 직원들에게 자신의 어린 시절 얘기를 들려주었다.

'자신의 어머니도 시장에서 생선을 팔면서 냄새 나는 돈으로 우리 형제를 다 훌륭하게 키웠다. 그때의 냄새는 생선 비린내가 아니라 우리에게는 어떤 좋은 향기와도 바꿀 수 없는 향수와 같았다……' 이 이야기는 직원들에게 고객들이 삶의 터전에서 얼마나 어렵게 돈을 벌고 있는지를 다시 생각하는 계기가 되었다. 그 후 직원들은 매일 은행에 오시는 할머니를 가장 반갑게 대했다. 할머니께서 '돈에서 냄새가 나서 미안하다'고 하시면 직원들은 '할머니의 돈에서는 향기가 난다'고 하면서 가장 소중한 물건을 다루듯 했다. 마치 가족처럼 다정하게 말을 걸고 편안하게 배려하는 모습이었다. 직원들의 마인드와 태도가 바뀐 후에는 할머니께서도 예전보다 훨씬 편안한 표정으로 은행에 방문할 수 있었다.

::

어느 날 빛이 바랜 오래된 드레스를 입은 부인과 허름해 보이는 양복을 입은 신사가 하버드 대학 총장실을 방문하여 총장을 만나고 싶다고 했다. 비서는 그들의 차림새를 보면서 바로 돌려보내기 위해 '총장님은 하루 종일 부재중'이라며 둘러댔다. 하지만 돌아가지 않고 오랜 시간을 기다리는 부부에게 결국 총장과의 만남을 억지로 연결했고 부부는 어렵게 총장을 만나게 된다. 마지못해 부부를 만난 총장은 굳은 표정으로 그들을 맞이했다.

　부인은 "하버드에 애정을 갖고 있는 아들이 있었는데 일 년 전에 죽고 말았습니다. 그 아이가 하버드를 너무 사랑했기에 하버드 캠퍼스에 기념물을 세우고 싶습니다"라고 제안했다. 그러자 총장은 "저희는 죽은 이를 위해서 하버드에 동상을 세울 순 없습니다"라고 퉁명스럽게 거절했다. 이어서 부인은 "저희는 하버드대에 건물을 기증하고 싶은 것입니다"라고 다시 한 번 제안했다. 그러나 총장은 "건물을 짓는데 얼마나 많은 비용이 드는지 알고나 하는 그런 얘기를 하고 계신가요? 저희 하버드에는 750만 달러나 되는 건물들이 가득 차 있습니다"라고 받아치며 이제야 부부를 돌려보낼 수 있겠다고 안심했다. 그러자 부인은 남편에게 "건물 하나를 짓는데 750만 달러밖에 들지 않는다고요? 그렇다면 우리가 직접 대학을 하나 세우는 것이 좋겠네요" 하는 것이었다. 총장은 그들의 모습에 적잖은 충격을 받았다. 후에 그들은 캘리포니아 팔로알토(Palo Alto)에 아들을 기념하기 위해 자기들의 이름을 딴 스탠포드 대학교를 설립하였다. 철도 재벌 리랜드 스탠포드(Leland Stanford) 이야기이다.

　위 두 이야기를 통해 외모로 그 사람을 판단하지 않아야 한다는 교훈을 얻을 수 있다. 서비스 현장에서 고객의 겉모습만으로 사람을 차별하거나 무시한 태도를 보인적인 없는지, 나이와 직업으로 고객을 차별하지는 않았는지 생각해보자.

마음으로 대하는 직원

작은 친절을 베푼 후에 큰 행운을 잡은 사람들에 대한 이야기를 들어본 적이 있을 것이다. 다른 세계의 비현실적인 세상이나 드라마 같은 이야기로만 생각하기보다는 누구에게나 생길 수 있는 이야기이다.

::

이전부터 알고 지내는 약사 부부가 있었다. 지금은 남들이 부러워할 만한 대형 약국 여러 개를 경영한다. 하지만 그들이 처음부터 대성한 것은 아니었다.

경기도 한 지역의 어느 시장 안에 있던 조그만 약국. 그곳이 그들의 첫 출발지였다. 비록 약국은 비좁았지만 약국에 들어오는 고객들에 대한 따뜻한 마음은 어디에도 뒤지지 않았다. 그러던 언제부터인가 정기적으로 약국을 찾아오시는 할머니 한 분이 계셨다. 무늬만 고객이지 약국을 방문하고도 약은 사지 않고 어떤 때에는 상담만 받고 돌아가시는 경우도 많았다. 수십 년을 사용한 낡은 핸드백을 항상 지니고 다니시는 검소하고 소박한 할머니 모습에서 경제적인 여유는 느낄 수 없었다. 겉모습이 어떻든 약사 부부는 할머니의 주치의가 된 양 할머니가 궁금해 하는 부분에 대해 열심히 건강 상담을 해드렸다.

그러던 어느 날, 그들은 상담 도중 할머니의 증상을 듣고는 자신들이 쉽게 진단할 정도가 아니라며 큰 병원에서 검사를 받으시는 게 좋겠다고 알려드렸다. 그리고 그날 이후, 한참동안 약국에서 할머니를 볼 수 없었다. 몇 달이 지난 어느 날, 할머니가 약국에 찾아 왔다. "내가 암에 걸려서 이제는 많이 못 살겠다고 한다. 얼마나 당신들을 더 볼 수 있을지 모르겠다"라며 그동안 있었던 일들을 전했다. 약사 부부는 슬픔에 잠겼고 할머니는 그들을 보며 제안 하나를 했다.

"○○ 종합병원 정문에서 나오면 가장 가까운 매장이 나의 슈퍼마켓이다. 위치가 좋아서 장사도 잘되고 아주 좋은 곳이다. 자리가 좋다 보니 약국을 하겠다는 사람들과 대기업에서 체인 편의점을 하려고 나를 찾아오는 사람들이 많다. 이제 나는 몸도 아프고 정신도 혼미해져서 장사를 더 못할 것이니 그래서 말인데 당신들이 그 자리에 약국을 해보면 어떻겠느냐? 경제적인 부분은 내가 편의를 봐 주겠다"라는 제안이었다. 할머니는 '당신들이 내 가족과 다름없이 따뜻한 마음으로 보살펴 준 그 마음에 보답을 하고 싶다. 돈을 많이 주겠다는 사람들도 있지만 당신들이 그 자리에서 약국을 하면 좋겠다'고 하면서 좋은 조건으로 선뜻 노른자위 땅을 내주었다. 부부는 슈퍼마켓 자리에 약국을 개업했다. 놀라울 정도로 밀려오는 고객들 덕분에 연일 매출이 상승했고, 그 약국을 출발점으로 지금은 수백억 원대의 자산가로 성공하게 되었다.

:::

일전에 고객사 사장님에게 들은 이야기이다. 친구와 만나기로 한 장소까지는 사장님 부인이 차로 데려다 주었다고 한다. 친구보다 먼저 도착한 사장님은 혼자 차에서 내려 부인의 차를 먼저 보내고 한적한 길에서 친구를 기다렸다. 한참을 기다려도 친구가 오지 않아 연락을 하려고 했으나 휴대전화가 방전된 사실을 알았다. 한적한 길이라서 대중교통을 이용할 수도 없는 오도가도 못하는 신세가 되었다. 어떻게 해야 할지 조금씩 불안해질 때쯤 갑자기 차 한 대가 다가오더니 "조금 전에도 여기에서 혼자 계시는 걸 봤는데 제가 일을 보고 돌아오는 길에도 계속 계셔서요. 무슨 일이 있는 것은 아닌지 걱정되네요. 제가 도와드릴 일이 있을까요?"라고 말했다. 두말할 것도 없이 사장님은 차를 탈 수 있는 곳까지라도 태워 달라고 부탁했고 둘은 이런 저런 얘기를 하면서 목적지 근처까지 오게 되었다. 연락처도 모르고 헤어진 것이 못내 아쉬웠는데 그들은 우연한 장소에서 다시 만났다. 사장님의 기사를 채용하는 회사 면접장에서 그날 도움을 주었던 그분이 면접을 보러 온 것이다. 과연 결과는 어떻게 되었을까?

　　누구에게나 일어나는 일 같지 않지만 누구에게나 일어날 수 있는 일이다. 이렇게 무언가를 바라지 않고 진심으로 도움을 준 사람들은 뜻하지 않은 행운을 얻기도 한다.

☀ tip

진심으로 다가가보자

✔ 머리가 아닌 마음으로

머리로 '외워서' 하는 서비스는 언젠가 들통나기 마련이다. 진심에서 우러나오는 친절은 상대방이 제일 잘 느낄 수 있으며 상상할 수도 없는 큰 행운을 가져다주기도 한다.

✔ 생색내지 않기

인생을 살아가면서 내가 타인에게 도움을 주기도 하지만 언젠가는 누군가에게 도움을 받게 되어 있다. 이러한 과정을 보면 자신의 친절함을 굳이 생색낼 필요는 없다. 도움을 주면서도 생색을 내지 않을 때 마음이 온전히 전달된다.

✔ 가르치기보다는 친절하기

매뉴얼대로 잘 설명해도 말투 때문에 손님의 기분을 상하게 하는 직원들이 있다. 무언가를 몰랐을 때 답답한 마음은 고객 본인이 더 크다. 호텔왕 조지 볼트가 손님에게 논리적으로 지적하며 업무를 처리했다면 성공적인 미래는 없었을 것이다. 친절이 가르침보다 먼저일 때 따뜻한 마음을 전할 수 있다.

고객 만족의 정석

3. 이미지는 타인이 보는 나!

호감을 주는 이미지: 밝은 표정

사회생활을 할 때 가장 도움이 되는 요소 중 하나는 자신이 타인에게 주는 호감 가는 이미지이다. 그것은 자신의 평판이 되기 때문이다. 만약 자신이 차갑거나 쌀쌀맞거나 혹은 강한 인상으로 보인다면 상대방에게 부담을 줄 수 있어서 지속적인 만남을 유지하는 데 걸림돌이 될지도 모른다.

나를 보고 웃어주면 좋은 사람이고 나를 보고 찡그리면 일단은 나쁜 사람이다. 얼핏 말장난 같지만 실제로 공감하는 독자가 많을 것이다. 사람은 의외로 단순해서 상대방의 외적인 정보만으로 상대방의 이미지를 결정한다. 첫인상을 결정짓는 첫 번째 요소가 '얼굴 표정'이다. 좋은 사람으로 인식되면 원만한 인간관계로 발전할 것이고 좋은 인간관계는 성공의 원동력이 된다. 혼자 성공하는 사람은 없으며 개인의 성공도 주변인의 도움이 더해져 완성된다. 그렇다고 해서 필요할 때만 잘 웃어도 성공한다는 의미로 이해해서는 곤란하다. 잠깐 동안은 이미지를 좋게 만들 수 있겠으나 오래가지 못한다. 좋은 표정은 하루아침에 완성되지 않는다. 미소는 생활 속에서 자연스럽게 연출되는 습관적인 얼굴 모습이 되어야 하며 이는 결정적인 순간에 상대방에게 호감을 주어 결정적 기회도 얻을 수 있다. 아름다운 미소를 간직한 후배가 바로 그런 대표적인 경우였다.

::

평소에도 항상 밝은 표정을 짓는 후배가 자신의 미소 덕택에 예상 밖의 기회를 얻었다. 한마디로 대박을 터트린 것이다. 영어 실력이 다소 부족한 편이었는데도 일류 호텔에 당당히 합격을 한 것이다. 마지막 면접에서 외국인 총지배인과 했던 영어 인터뷰를 과연 어떻게 통과할 수 있었을까? 평소 잘 들리지 않던 영어가 갑자기 잘 들릴 리는 만무했다. 합격한 이유를 들어보았는데, 심사위원 평가 중에 '영어 실력이 부족해도 입사 후 몇 개월 집중해서 열심히 하면 잘할 수 있다. 그러나 '사람의 미소'는 단시간에 만들어지지 않으며 미소는 그 사람의 인성을 나타낸다'가 있었다고 한다. 밝은 표정이 호감과 신뢰감을 주어 높은 평가를 받은 것이다.

직장에서 미소가 밝은 직원을 선호하는 이유는 당연하다. 사람들 간의 감정은 주변에 퍼져서 함께 일하는 동료뿐만 아니라 고객의 마음에도 영향을 끼친다. 특히 미소는 감정이입에 효과가 있어 자신의 기분뿐만 아니라 상대의 기분도 밝게 한다. 내가 웃으면 상대가 웃게 되어 웃음이 주변으로 전파가 되고 상대방의 마음마저 즐겁고 유쾌하게 만드는 마력을 발휘한다. 이처럼 어떤 사람의 감정 상태가 다른 사람들에게 전파되는 현상을 '정서적 전염(Emotional Contagion)'이라고 한다. 웃는 사진이나 미소 짓는 사람을 보고 나서 뇌의 MRI를 찍으면 행복촉진 물질인 도파민이 분비되는데, 다른 사람의 웃는 표정을 보는 것만으로도 자기 자신도 즐거워지는 것이다. 그래서 찡그린 표정을 하는 직원과 함께 있으면 기분이 나빠지고 잘 웃는 직원과 함께 있으면 기분이 좋아지기 때문에 고객은 잘 웃는 직원에게 더욱 끌리는 호감이 가는 것이다.

일소일소, 일노일노(一笑一少, 一怒一老). 한 번 웃으면 한 번 젊어지고 한 번 화내면 한 번 더 늙게 된다는 뜻이다. 웃는 얼굴표정과 찡그린 얼굴표정은 근육이 정반대로 움직인다. 웃는 얼굴은 입이 옆으로 퍼지고 입 꼬리가 올라가면서 얼굴 근육이 밖으로 퍼진다. 이때 볼의 움직임도 함께 위로 끌어올라가면서 눈썹과 눈두덩, 미간 등이 바깥쪽으로 퍼져 얼굴이 편안해 보이고 밝고 따뜻한 인상이 된다. 하지만 찡그린 얼굴은 눈초리와 입 꼬리가 내려가서 축 처지면서 볼도 늘어져서 우울하고 아파 보여 늙어 보인다. 미간, 눈썹과 눈 사이 등이 좁아지며 근육이 수축하고 아래로 내려와 인상도 어두워 보인다.

☀ tip

미소 짓는 연습

✅ **평소에 얼굴 근육을 움직이기**

얼굴에는 80여 개의 근육이 있어서 우리가 웃을 때마다 웃음근육이 작동을 한다. 평소 신체의 근육운동을 해야 근육이 부드러워지고 몸도 건강해지듯이 자연스런 미소를 위해서는 평상시 웃음근육을 수축, 이완해서 움직여준다. 그렇지 않으면 웃어야 할 상황에서 어색한 웃음이 되어 자신의 의도와 달리 부자연스럽다. 웃으면서 얼굴 근육을 평소에 자주 움직여준다면 웃어야 할 때 아름답고 자연스런 미소 연출이 가능하다.

✅ **의식하면서 웃기**

대뇌에 있는 표정 통제중추와 감정 통제중추는 연결되어 있어서 서로 영향을 주고받는다. 그래서 일부러 의식하면서 웃다 보면 정말로 웃을 때와 비슷한 화학반응이 일어나며 결과적으로 점점 기분이 좋아진다. 이처럼 표정을 바꾸면 감정 상태가 달라지는 것을 심리학에서는 '안면 피드백 이론(Facial Feedback Theory)'이라고 한다. 웃을 일도 없는데 실없이 웃느냐고 하기보다는 '웃다 보면 웃을 일이 생긴다'고 생각하면 어떨까.

✅ **소리 내어 웃어 보기**

미소 훈련을 하고 난 뒤 '위스키'와 같이 모음 'ㅣ'로 끝나는 말을 소리 내며 웃는 연습을 한다. 입을 양 옆으로 당기듯 입가를 위로 올리고 입이 귀에 걸리는 것처럼 쭉 당기듯이 모양을 유지하고 웃는다. 잘 안 된다면 검지를 이용하여 입가를 당겨도 좋다. 그래도 미소 짓는 연습이 어색하다면 가장 행복했던 순간을 떠올려 본다.

> ✓ **인간관계를 위해 웃기**
> 처음 만나는 자리에서는 왠지 어색한 기운이 감돌아 얼굴이 자주 굳는다. 이때 상대방이 경직된 표정을 본다면 자신의 얼굴도 같이 굳어져 점점 더 불편한 자리가 된다. 이런 순간에도 어색함을 없앨 수 있는 것이 미소이다. 사람을 만나면 자신이 먼저 밝게 표정을 짓는 습관은 처음 만남도 편안한 자리로 만들어 준다.

호감을 주는 이미지: 밝은 표정

'저 사람은 정확해. 그 회사는 정말 신뢰감이 느껴져.' 정확하고 확실한 개인과 회사의 이미지는 믿음을 준다. 여러분은 약속을 잘 지키는 편인가? 바쁜 사회생활을 하다 보면 약속을 해 놓고도 잘 지키지 않거나 심지어 잊어버리는 경우도 있다. 이럴 때 상대방에게 진심으로 사과를 하기보다 '바빠서 정신이 없었다, 내가 요즘 좀 그렇다'면서 핑계를 댄다면 신뢰를 주지 못한다. 한 번 내뱉은 말은 책임을 지며 약속한 것에 대해서 철저히 지키려고 노력하는 모습으로 신뢰감을 주는 기업들이 있다. 아래를 살펴보자.

::

사회봉사 활동을 적극적으로 실천하는 가천대학교 총장이자 가천길재단 이길여(李吉女) 회장은 길병원에서 네 쌍둥이를 낳은 한 가난한 산모에게 아이들이 대학을 입학하게 될 경우

장학금을 전달하겠다는 약속을 했다. 그리고 아이들이 성장하여 대학에 들어갈 무렵, 이길여 총장은 18년 전의 약속을 정말로 지켰다. 세월이 많이 흘렀고 말로 한 언약을 실제로 지켜낸 약속이었다.

:::

미국의 운송회사 페덱스(FEDEX)의 이야기이다. '고객과의 약속을 천명(天命)'으로 생각하고 '24시간 이내에 배달' 원칙을 표방한 이 회사는 운송서비스 회사의 특성상 뜻하지 않은 악조건에 부딪히는 경우가 발생하기도 한다. 어느 날, 눈보라와 태풍이 몰아치며 악화되는 기상으로 인해 유일하게 마을을 이어주는 다리가 무너져 배달을 할 수 없게 되자 직원은 어떻게 하면 고객의 물건을 배달을 할 수 있을지 방법을 강구했다. 마침내 직원은 '고객과 약속한 물건은 24시간 이내에 배달해야 한다'는 고객과의 약속을 지키기 위해 무려 헬기를 전세 내어 물건을 배달했다. 배달 서비스를 받고 감동한 고객은 자비를 들여 직접 신문에 광고를 냈다.

"배달원님, 진심으로 감사드립니다."

:::

중국 서북단 신장웨이우얼 자치구(新疆維吾爾自治區)에 있는 백화점에서 어떤 고객이 하이얼(중국의 가전업체) 제품 PC를 구입했다. 배달을 약속하고 나서 배달지를 확인해 보니 고객의 집은 백화점에서 1,560km나 떨어져 있었다. 그럼에도 직원은 배달과 설치를 약속했다. 하지만, 고비 사막을 지나는 도중 차량이 사막의 비포장도로에서 고장 나서 문제가 생겼다. 중간 상황을 전달받은 고객은 배달을 못 한다고 했어도 아마 상황을 납득했을 것이다. 그런데 세상에 이런 일이! 배달 기사가 끝끝내 낙타에 제품을 싣고 와서 고객의 집에 PC를 무사히 설치하고 돌아간 것이다.

기업이 수억 원의 광고에 돈을 쏟아 부어도 사람들은 광고를 절대적으로 믿지 않는다. 오히려 광고에 의지하기보다는 믿을 만한 주변 사람들의 추천이나 일반 고객들의 경험에 신뢰감을 느낀다. 기업이 고객에게 한 약속을 잊지 않고 지키려고 노력하는 모습을 보면 고객도 감동을 받지 않을 수 없다. 약속에는 '장래의 일을 상대방과 미리 정하여 어기지 않을 것을 다짐함 또는 그런 내용'이라는 사전적 의미가 있다. 그럼 약속을 지키기 위해서는 어떤 노력이 필요할까?

약속을 지키기 위한 방법

✔ 약속은 신중하게 정하고 반드시 실천한다

지키지도 못할 약속을 한다거나 적당히 그 순간을 모면하기 위한 말이 습관이 되면 신뢰도가 떨어져서 '저 사람이 하는 말은 한 귀로 흘려야지', '저 직원은 약속을 제 시간에 지키는 법이 없어', '그 기업은 늘 그런 식이야' 이런 이미지로 주변 사람들에게 굳어져 협조를 끌어내기 어렵다. 만일 기업이 고객에게 약속한 서비스를 제공하기 어렵거나 포기를 해야 할 상황이 발생한다면 고객에게 사전에 안내하도록 한다. 일반적으로 기업은 고객에게 어떤 서비스를 제공하겠다는 내용을 담아 '서비스 이행 기준'의 내용을 실천하겠다고 고객에게 약속한다.

하지만 서비스 이행 기준만 만들어서 직원에게 제대로 알리지도 않고 글로만 표방하고 있는 것은 아닌지 점검해야 하며 고객과의 약속 이행 기준의 실천 여부를 정기적으로 모니터링해야 할 것이다.

✔ 변경사항은 이유가 구체적이어야 한다

한 카드사에서는 1,000원에 비행기 마일리지 2마일을 적립해주는 내용으로 영업하여 많은 고객을 모았다. 하지만 2년 뒤 당초의 약속을 깨고 1,000원에서 1,500원으로 슬그머니 적립률을 줄였고 이 사실을 알게 된 고객들이 회사를 상대로 소송을 냈다. 소송은 고객의 승리로 끝났다. 법원은 기업이 처음에 약속했던 그대로 마일리지를 고객들에게 제공해야 하며 혜택이 바뀔 수 있다는 규정이 있더라도 구체적으로 설명할 의무가 있다고 했다. 약속은 지켜야 미덕이지만, 부득이 변경을 해야 한다면 그 이유가 명확하고 구체적이어야 할 것이다. 그래야 기업과 고객 간 상호신뢰감이 유지된다.

4. 고객의 구매심리

상품이 좋고 아무리 마음에 든다고 해도 고객이 직원을 만났을 때 강매하는 분위기가 조성되면 고객은 제품 구매를 망설이게 된다. 기업은 고객의 니즈를 파악하여 그에 맞는 제품 개발에 심혈을 기울이고 제품이 완벽하다는 자신감이 생길 때 비로소 시장에 출시하지만, 정작 제품을 판매하는 현장직원이 고객의 심리를 이해하지 못한다면 판매로 이어지기 어렵다. 요즘은 매장에 직접 나와서 구매하는 고객보다 현장에서 상품만 확인하고 그 후에 온라인으로 구매하는 '쇼루밍(showrooming)족(族)'이 훨씬 많다. 온라인 시장으로 고객을 더 이상 빼앗기지 않으려면 현장에서 고객을 만나는 직원은 고객의 구매심리를 정확하게 이해하고 판매까지 이어질 수 있어야 한다.

::

예전에 매장에서 시계를 구입했을 때의 이야기이다. 바쁜 시간대였는지 직원들이 다른 고객을 응대하느라 분주했다. 나는 직원이 응대해주기 전까지 잠시 유리 진열대에 전시된 시계

들을 구경하고 있었다. 시계 매장의 특성상 고객이 시계를 직접 꺼내서 착용을 할 수 없기 때문에 직원이 얼른 와서 응대해 주기를 바라면서도 여유로운 분위기에서 상품을 하나하나씩 자세하게 볼 수 있으니 편한 점도 있었다.

　　몇 개의 시계가 눈에 들어올 때쯤 "고객님 기다리시게 해서 죄송합니다. 제품을 보고 계시면 먼저 오신 고객님의 계산을 하고 응대해드리겠습니다"라며 판매 직원이 따뜻한 미소로 말을 건네며 양해를 구했다. 직원의 중간 안내로 방치되고 있단 느낌보다 안심이 되었다. 잠시 후 내게 돌아온 직원이 몇 개의 시계를 꺼내 직접 채워 주며 시계 각각의 특징과 주의 사항들을 설명해주었다.

　　막상 선택의 기로에 서자 어떤 시계가 더 좋을까 갈등이 됐다. 여러 개의 시계를 번갈아 쳐다보면서 결정도 하지 못하고 시간을 끌게 되니 괜히 눈치가 보였다. 직원이 그런 나의 마음을 읽었는지 "고객님, 시계를 결정하려니 어려우시죠? 고객님이 생각하시기에 현재 유행하는 시계가 좋을지, 아니면 유행과 상관없이 평생 간직할 시계가 필요한 지를 생각하고 선택하시면 좋을 것 같습니다. 신중하게 생각하시고 말씀해주세요"라며 조급해진 마음을 가라앉혀 주었다. 편안한 분위기 속에서 시계를 골랐는데 직원이 시계의 재고를 확인해 보니 현재 남아 있는 시계는 진열된 상품 하나라며 미안한 표정을 지었다. 진열 상품을 구입하는 것은 불안했지만, 이미 그 시계를 사고 싶은 마음이었기에 결국 구입을 결심했다. 직원은 클리닝 서비스를 그 즉시 해주었고 사용하다가 세척이 필요하면 언제라도 방문해달라고 하면서, 하자가 없는 좋은 상품이니 안심해도 된다는 말을 거듭 덧붙이며 배웅해주었다.

고객은 이러한 직원의 친절에 감동을 받으며 매장을 나선다. 무엇보다도 직원이 마음을 잘 읽어가며 공감하고 응대하면 고객은 신뢰를 느낀다. 직원이 고객의 구매 심리를 이해하지 못하고 변화하는 심리 단계를 무시하여 제품 구입에만 초점을 맞췄더라면 나는 시계를 구입하지 않았을 것이다. 진열 상품을 산 것에 대해서 후회가 없다. 나의 마음을 알고 배려해 준 직원 덕분이다.

구매심리 7단계

고객이 상품을 구매할 때 일반적으로 다음과 같은 구매심리 단계를 거친다.

- 1단계: 주의

많은 상품이 진열되어 있을 때는 자신이 관심 있는 특정 상품에 시선을 두기 마련이다. 고객은 자신이 마음에 드는 상품에 대한 주의를 기울이기 시작한다. 직원은 보기에 복잡하지 않게 상품을 진열해야 하며 편안한 마음으로 상품을 볼 수 있도록 고객에게 밀착하여 부담을 주지 않도록 주의한다. 너무 소극적인 태도도 곤란하지만 직원의 지나치게 적극적인 판매나 영업 자세는 고객에게 강매하는 느낌을 주어 고객의 재방문도 어렵게 만든다.

- 2단계: 흥미

상품을 살펴보며 색상, 품질 혹은 디자인에 대해 살펴보며 호감을 가지는 단계이다. 고객은 특정 상품을 만지거나 손으로 만지고 싶어진다. 직원은 고객의 움직임에 관심을 가지고 있어야 하나, 눈치를 채지 못하도록 자연스럽게 주목한다. 마음속으로는 고객이 질문을 할 경우 어떻게 대답을 해야 할지, 무슨 제품을 먼저 제시할지 준비한다.

- 3단계: 연상

고객은 '이 상품은 내가 가지고 있는 것과 어울릴까?', '나의 이미지와 어울릴까?' 연상을 하는 단계에 돌입한다. 직원은 고객의 생각을 방해하거나 독촉하지 말고 잠시 생각할 여유를 준다. 이때 고객에게 구체적인 견본을 제시하면서 고객의 의견을 듣기 위해 간단한 질문을 한다. 고객의 입장에서는 상품을 결정할 시간이 오래 걸릴 수밖에 없다. 그렇다고 해서 고객이 너무 망설이며 시간을 길게 끄는 모습을 보고만 있어서도 안 된다. 구매를 유도할 수 있도록 결정적 타이밍을 포착하여 응대하는 것이 중요하다.

- 4단계: 욕망

고객은 물건을 사고 싶은 욕구가 생겨 비교적 구체적인 질문을 하고 싶어 한다. 직원은 고객의 질문에 적합한 상품과 답변을 제시하며 상품이 가지고 있는 핵심적인 셀링 포인트(selling point)를 강조한다. 그리고 고객이 이 상품을 가질 때의 이익과 가지지 못할 때의 손해를 설명한다.

• 5단계: 비교선택

고객은 현재 선택한 자신의 상품이 과연 괜찮은 것인지 가벼운 의심과 불만을 표시하면서 다른 상품이 있는지 알고 싶어 한다. 직원은 고객의 심리를 신속하게 파악, 이해하고 현재 고객이 선택한 상품에 대한 구매를 유도할지 말지를 선택하여 결정된 상품에 대한 집중적인 셀링 포인트를 강조한다.

• 6단계: 확신

고객은 구입을 하겠다고 결정을 하면 고객은 구입의 신호를 보낸다. 직원은 자신감 있는 태도로 고객의 선택에 망설임이 없도록 안내한다. "네, 이 제품으로 준비해 드리겠습니다."

• 7단계: 구매결정

고객은 최종적으로 상품을 결정하고 구매한다. 직원은 고객의 결정에 대한 칭찬을 한다. 고객이 제품에 대해서 갈등하지 않고 만족한 마음이 들도록 최선을 다하는 태도를 끝까지 유지해야 하며 구매에 대한 감사의 말을 반드시 전한다.

5. 접객 단계

직원의 역할

최신식, 고성능 제품이라고 해서 반드시 판매율이 높은 것은 아니다. 상품도 그렇지만 세일즈맨의 태도에서 진정성을 느낄 수 있는지, 고객을 배려하는지 등 고객을 응대하는 태도가 우선이다. 제품이 좋더라도 직원이 고객의 마음에 들지 않으면 아무 소용이 없다는 뜻이다.

::

옷을 구입하기 위해 백화점에 들러 구경하고 있었다. 마네킹이 입은 옷이 예뻐 보여 그 매장에 들어갔다. 그런데 매장에서는 음악만 울려 퍼지고 별다른 환영 인사가 없었다. 보통 직원끼리 대화를 하다가도 고객이 들어오면 하던 말을 멈추고 인사를 하는 것이 일반적인 모습이다. 그러나 내가 먼저 "안녕하세요?"라고 인사를 건네도 힐끗 쳐다만 보고 자기들끼리 얘기를 계속 이어나가는 것이다. 잠시 후 잔뜩 화가 난 선배가 후배

직원을 혼내는 대화 내용이 들려 왔다. 손님인 내가 괜히 눈치가 보여서 분위기 전환을 위해 "마네킹에 걸려 있는 옷을 입고 싶은데요"라고 말했다. 그러자 직원은 "그 제품은 어제 나온 신상품인데 고객님에게 맞는 사이즈는 없습니다"라고 했다. 설마 나를 기분 나쁘게 하려고 저렇게 대답했을까 싶지만, 직원의 말을 듣는 순간 기분이 상하는 건 어쩔 수 없었다. 결국 옷을 구입하지 않고 바로 나왔다.

이처럼 같은 말이어도 묘하게 고객을 불쾌하게 하는 직원들이 있다. 판매 직원이 최대한 집중력을 발휘해야 할 시간은 고객과 만나는 바로 그 순간이다. 고객을 맞이할 때와 응대하는 단계에서 직원이 고객을 성의 있게 대하지 못하면 고객은 떠난다. 고객을 만날 때 차근차근 단계별로 서비스를 하여 구매성공을 높일 수 있는 접객판매 7단계를 소개한다.

접객판매 7단계

- **1단계: 대기**

고객이 매장에 들어오면 "어서 오세요, 안녕하세요?"라며 곧바로 하던 일을 멈추고 환영 인사를 한다. 그런 다음 천천히 상품을 볼 수 있도록 고객에게 여유로운 시간을 준다.

고객이 들어올 때 정면을 주시하거나 정자세로 있으면 고객은 들어가기가 부담스럽다. 그렇다고 아무런 응대도 하지 않거나 직원들이 잡담하는 것은 고객을 무시하는 모습으로 비춰질 수 있으니 고객이 부르기 전까지는 부동의 자세로 서서 고객을 지켜 볼 것이 아니라 직원은 상품의 진열상태, 가격, 청결 상태 등을 살피는 것이 좋다.

- 2단계: 접근

고객을 보자마자 "등산화 사시려고요? 여성분들도 등산을 많이 하시니까 좋은 것으로 신으셔야 돼요." 이런 식의 접객은 다소 공격적이며 저돌적인 느낌을 준다. 여유 없이 빠르게 접근을 시도하면 고객은 당황하며 부담감을 느끼게 될 것이다. 접근단계에서는 직원이 고객에게 접근하는 시기를 정확하게 포착하여 자연스럽게 다가가는 타이밍이 중요하다. 고객이 매장에 들어오면 따뜻하게 맞아주고 이때 바짝 옆에 있으면 불편할 수 있으니 고객이 편안하게 상품을 볼 수 있도록 고객의 공간을 넓혀 줘야 한다. 다른 일을 하다가도 고객이 부르면 즉각적으로 응대할 수 있도록 고객을 의식하며 주목한다. 그래야 고객이 직원을 찾으려고 매장을 두리번거릴 때, 고객이 직원을 부를 때, 특정 상품에 유난히 주목할 때, 상품을 만져도 되는 지 물어볼 때, 고객과 시선이 마주쳤을 때 등의 상황이 오면 즉각적으로 응대할 수 있다. 직원이 밀착하면 오히려 고객과의 거리는 가까워지지만 고객은 마음속으로는 불편함을 느끼게 된다. 그때부터 고객은 상품에 집중하는 것이 아니라 출구를 찾아서 빨리 나가야겠다고 생각할 것이다. 적당한 거리를 두어 고객이 편안함을 느낄 수 있도록 부담감을 주지 않는 것도 좋은 서비스이다.

- 3단계: 상품제시

고객이 어떤 상품을 원하는지 알기 위해서는 고객의 기호,

상품 구입의 목적 등을 정확히 파악하여 고객에게 적합한 상품 구매를 유도해야 한다. 고객과 취향이 전혀 다른 상품이나 고객이 생각하기에 자신과 전혀 어울리지 않는 상품을 보여주는 직원을 만나면 괜히 직원의 센스를 의심하게 된다. 제품을 왜 구매하려고 하는지, 고객의 취향은 어떤지, 상품 가격대는 어떻게 계획하고 있는지, 어떤 디자인을 좋아하는지, 누가 사용을 할 것인지 등 고객 중심으로 대화를 이끌어가야 한다. 그리고 고객이 직접 눈으로 보고 만져보도록 제시한다. 만약 자신의 상품 구매 니즈를 말하지 않는 고객에게는 "요즘 유행하는 디자인은 이런 종류입니다", "직장인들 사이에서 인기 품목입니다"와 같이 고객에게 가벼운 정보를 제공한다. 한꺼번에 많은 상품을 제시하면 산만하고 선택에 어려움이 있으므로 수량은 2~3개 정도로 제한하여 보여준다.

한 개의 상품만을 설명하면 강요의 느낌이 들기 때문에 2~3개의 상품 중에서 고를 수 있도록 추천하는 것이 적당하다. 비교 상품을 함께 설명을 해주면 강매당했다는 느낌이 들지 않고 더욱 신뢰감이 갈 것이다. 고객이 원하는 상품에 대해 "그 제품은 유행이 한참 지났습니다. 요즘 누가 그런 거 사용하나요?"와 같이 상대의 취향을 무시하거나 아무런 말도 없이 상품을 내미는 태도, 이것저것 대중없이 물건을 보여주는 태도나 한 손으로 상품을 보여 주지 않도록 주의한다.

- 4단계: 상품설명

고객에게 확신을 주고 상품을 판매하려면 전문적인 훈련이 필요하다. 고객이 믿을 수 있도록 상품을 설명하고 고객의 마음을 설득해야 하기 때문이다. 그렇게 하려면 고객이 가질만한 불신과 불안을 제거시킬 수 있도록 직원은 전문적인 태도를 갖추어 고객의 어떤 질문에도 막힘이 없어야 한다. 고객에게 맞는 좋은 제품을 구입할 수 있도록 하려면 상품마다 구매의욕을 높여주는 기능성, 상징성, 경제성 등의 '셀링 포인트'를 미리 숙지한다.

냉장고와 자동차를 판매한다고 가정하여 아래와 같이 셀링 포인트를 정리할 수 있다.

셀링 포인트: 냉장고
기능성: 이 제품은 사용이 간편하고 냉동 기능도 탁월합니다.
상징성: 오래 쓸 수 있어 주부들에게 인기가 있습니다.
경제성: 전기세가 많이 나오지 않고 동일 상품에 비해 저렴합니다.

셀링 포인트: 자동차
기능성: 이 차량은 엔진 마력이 높고 연료 효율성이 뛰어 납니다.
상징성: 엔진오일과 전기모터로 주행할 수 있는 플러그인 하이브리드[1] 모델의 친환경 자동차로 최근에 더욱 인기가 높아졌습니다.
경제성: 연비와 안전사양까지 향상시키면서도 합리적인 가격으로 책정되었습니다. 게다가 이번 달 말까지 100만 원 추가 할인 이벤트를 합니다.

---

1   하이브리드(Hybrid): 각기 다른 강점을 결합해 더 높은 가치를 창출하는 것.

- 5단계: 결정

　고객이 한 개의 상품만을 잡고 있거나 응시하는 경우, 제품을 구입하고 난 후의 사후 서비스에 대해서 물어 보는 경우, 다시 한 번 가격 협상을 요청할 경우가 있다. 이런 태도는 상품이 마음에 들지만 아직은 섣불리 결정을 내리지 못하고 망설인다는 표시다. 고객의 마음속에서는 '나중에 후회하지 않을까, 예산과는 맞을까?' 등 여러 갈등을 하는 단계이므로 이때 직원이 성급하게 결정을 강요하기보다는 고객에게 좋은 제품이라고 다시 짚어주어 고객의 걱정을 해결해주고 스스로 결정을 하도록 유도한다. 고객의 마음을 정확하게 알지 못할 때에는 "구매하지 않으실 건가요?"와 같은 부정적 질문은 하지 않는 것이 좋다. 부정적으로 다가가면 사람의 마음 역시 부정적으로 반응하게 되기 때문이다. 애초에 긍정적으로 생각하던 고객도 자신의 결정을 뒤엎을 확률이 높다. 이런 경우에는 "고객님 이것으로 포장해 드릴까요?"와 같이 추정승낙법을 통해 고객이 살 것이라고 간주하여 질문을 해보는 것이 좋다. 고객이 상품을 구입하기로 결정을 하면 가격을 재확인해준다.

　받은 금액은 반드시 고객 앞에서 확인 멘트를 한다. 포장을 할 것인지 선물을 할지 여부를 물어보고 준비한다. 물건의 크기에 상관없이 고객이 상품을 직접 들고 다녀야 하는 불편함을 덜어 주고자 구입상품을 고객이 원하는 장소에 배달서비스를 해주는 곳이 많다. 배달을 해야 한다면 정확한 주소와 전화번호를 파악하고 예상 도착날짜에 대해서 미리 안내한다.

- 6단계: 입금 및 대조

　계산을 위해 고객의 현금과 카드를 받게 되는데 금액이 틀리지 않도록 정확하게 입금한다. 카드가 승인되지 않는다면 "카드가 안 됩니다"라고 무뚝뚝하게 말할 것이 아니라 "죄송합니다만, 다른 카드가 있으면 부탁드립니다"라는 뉘앙스로 정중하게 말해야 한다. 고객의 카드가 초과한도가 되었거나 현금이 부족하여 바로 결제가 어려울 경우 고객의 신분을 확인하고 지불수단을 안내한다. 이 과정에서 친절한 모습을 보이면 미안한 감정을 가진 고객에게 오히려 신뢰감을 주어 지속적인 관계를 유지하는데 도움이 된다. 고객의 지갑 안은 들여다보지 않으며 포장된 상품과 영수증, 거스름돈을 다시 한 번 확인하고 대조하여 계산에는 실수를 범하지 않도록 각별히 유의한다.

모바일을 통한 간편 결제 시장의 규모가 폭발적으로 늘어남으로써 모바일 결제 서비스가 확대되고 있다. 별도의 공인인증서가 없어도 스마트폰에 카드정보나 결제정보를 한 번 입력하면 이후 간단한 인증만으로 결제할 수 있으므로 해당 서비스를 숙지해둔다.

- ● 7단계: 인계 및 전송

인계란 상품 및 영수증, 거스름돈을 확인하고 고객에게 건네주는 과정을 말한다. 신용카드나 현금으로 결제 시에는 영수증 및 거스름돈을 한 눈에 확인할 수 있도록 건네주고 쇼핑백을 건네야 한다면 손잡이가 고객의 손에 잘 잡히도록 방향을 바꿔 전달한다.

이 단계에서 혹시라도 쇼핑백에 상품을 쑤셔 넣듯이 확 집어넣는 실수를 하지 않도록 주의하자. 그렇게 넣으면 상품이 구겨지고 소중히 다루지 않아도 되는 것처럼 느껴져 상품의 가치가 떨어져 보인다. 평소에 쇼핑백은 구김이 가지 않도록 펴

110

서 깔끔하게 보관하고 포장을 할 때에는 상품이 더욱 빛이 나도록 정성스런 손길로 쇼핑백에 넣어 전달하도록 한다.

한 손으로 건네주거나 느릿느릿 움직이면 무성의해 보이므로 주의한다. 판매가 끝나면 진심으로 감사의 뜻을 전하고 배웅한다. 배웅은 마지막이 아닌 새로운 판매의 시작이다. 배웅 후엔 고객의 험담이나 속닥속닥 말을 하지 않으며 다음 고객을 위해 매장 정리에 들어간다.

6. 고객 성향별 맞춤 서비스

고객과 직원의 의사소통

'열 길 물속은 알아도 한 길 사람 속은 모른다'는 말처럼 알다가도 모르는 것이 고객의 마음이다. 고객과 만나서 대화를 하다 보면 말이 잘 통하는 것 같다가도 갑자기 겉돌게 된다. '저 고객과는 말이 통하지 않아. 이 고객은 말을 들어주지 않아서 답답해'라며 한탄한다. 고객의 입장도 마찬가지다. 고객도 직원이 오히려 말귀가 어둡다고 생각하고 있을지 모른다. '고객은 모두 거기서 거기'라며 획일적으로 응대하기 때문에 갈등이 생기고 무리수를 두게 되는 경우가 생긴다. 고객의 다양성을 존중하고 고객 성향에 따른 응대를 할 때 소통이 가능하고 갈등도 최소화할 수 있다.

상품을 구매할 때 오랜 시간을 들이는 고객 옆에서 직원이 서두르거나 재촉하는 인상을 준다면 고객은 신중하지 못한 상태에서 물건을 구매하고 결국 나중에 환불하고 만다. 스스로 구매 결정을 한 것이 아니라 직원이 독촉해서 어쩔 수 없이 샀

112

다고 생각하여 자신의 구매 의사와 상관없이 직원의 강매가 한 몫을 했다고 해석하는 것이다.

모든 고객을 천편일률적이라고 생각하면 서비스 또한 획일적인 형태가 된다. 그렇게 되면 고객 한 사람 한 사람을 위한 특별한 감동을 줄 수 없다. 고객의 유형을 파악하고 응대한다면 이런 결과는 예방할 수 있을 것이다. 고객은 어떤 유형이 있는지 다음의 내용을 살펴보고 고객뿐만 아니라 함께 근무하는 직장 동료, 상사의 성향에도 이 내용을 적용해보자.

고객 성향별 특징과 응대요령

• 깐깐하고 꼼꼼한 고객

깐깐하고 꼼꼼한 고객은 말은 많지 않지만 하나하나 따지는 인상으로 직원에게는 자칫 피곤한 고객으로 느껴지기도 한다. 작은 일이라도 대충 넘어가지 않고 정확하게 처리하려는 경향이 강하다. 직원의 잘못은 꼭 짚고 넘어가려고 하며 실수를 인정하지 않는다.

응대요령

① 고객이 잘못을 지적하면 겸허하게 수용한다.

② 별것도 아닌 일에 지적을 한다고 생각하기보다는 작은 일도 정확하게 처리하고 최선을 다하는 모습을 보인다. 만약 고객이 잘못 알고 있더라도 자존심이 강한 고객일 수 있으니 일단 고객의 입장에 공감하고 나서 직원의 입장을 말한다.

- 무리한 요구를 하는 고객

무리한 요구를 하는 고객은 자기 입장만을 생각하여 의견을 관철시키려고 한다. 기업이나 직원의 입장을 들으려 하지 않고 자신의 입장에 대한 말만 반복하는 경향이 강하다. 자기주장이 너무 강하여 상대방의 입장을 인정하지 않아 막무가내로 보일 수 있으며 직원의 입장이 무척 난처해질 수 있다.

응대요령

① 고객이 무리한 요구를 한다면 직원은 어떤 말을 해도 이 고객은 말이 통하지 않을 거라는 선입견이 작용한다. 그렇게 되면 직원도 고객의 말을 중간에 자주 잘라버려 서로의 감정을 상하게 만들어 일 처리에 아무런 도움이 되지 않는다. 고객의 입장을 이해하는 태도로 우선 경청하며 고객이 납득할 수 있도록 차근차근 설명한다.

② 고객의 요구를 들어줄 만한 상황이 되지 않는다고 분명히 알려주되 차가운 반응으로 느껴지지 않도록 말투나 자세에 신경을 쓴다.

- 소리를 지르는 고객

소리를 지르는 고객은 자신의 의견이 관철되지 않았다고 생각하거나 무시당하고 있다고 생각하는 경향이 있다. 자신의 입장을 알리기 위해서 주변 사람들이 다 들리도록 큰소리를 치면서 주위를 불안하게 만들고 동요시킨다.

응대요령

① 상황이 진정되지 않고 점점 심해지면 다른 고객과 격리

시킨다.

② 장소를 바꾸면 대화가 잠시 중단되어 목소리를 잠재울 수 있다.

③ 격리된 공간에서 고객과 마주하여 앉자마자 대화를 바로 시도하기보다는 따뜻한 차 한 잔 등을 대접하며 심리적으로 안정을 시킨다.

④ 공간이 이동되면 새로운 직원이 응대하도록 하되 이때 상급자나 선배가 응대하는 것이 좋다. 고객은 이미 담당 직원에게 소리 지르는 모습을 보여 나쁜 인상을 주었음을 깨닫는다. 그래서 새로운 직원에게 좋은 모습으로 대화를 다시 시작할 수 있는 기회를 원한다.

• 논리적이고 분석적인 고객

논리적이고 분석적인 고객은 하나하나 물건에 대해 세심하게 짚어가면서 예리한 질문을 한다. 의문점은 쉽게 넘어가지 않고 논리적으로 따진다.

응대요령

① 증명할 만한 자료나 근거를 가지고 응대한다.

② 수치, 통계 분석 등 정확한 설명을 통해 안내한다.

③ 대강 얼버무리면 일 처리를 대충하는 직원으로 오해받을 수 있으니 정확하게 설명한다.

④ 지나치게 설득을 하며 논리적으로 고객을 제압하려는 인상을 주지 않도록 주의한다.

- 짜증내며 쉽게 흥분하는 고객

매사에 짜증을 내고 작은 일에 쉽게 흥분하고 민감하다. 대화를 할 때 웃음보다는 습관적으로 미간을 찌푸리는 경우가 많다.

응대요령

① 작은 행동 하나에도 고객이 민감하게 반응하고 오해할 수 있으므로 절제되고 훈련이 잘된 모습을 보인다.
② 고객이 짜증내고 흥분한다고 해서 응대 중간에 표정이 살짝 굳어지거나 차가워지지 않도록 주의해야 하며 끝까지 인내를 가지고 응대한다.
③ 고객의 말에 반응 없이 듣기만 하는 태도는 고객의 화를 방치하는 직원의 태도로 확대 해석되어 고객이 더 흥분할 수 있으므로 가볍게 맞장구를 친다.

- 의심이 많은 고객

의심이 많은 고객은 당연한 사실에도 질문을 되풀이 한다. 쉽게 믿지 못하여 여러 질문만 하고 직원의 말만 듣다가 결정하지 못하고 다시 오겠다는 경우가 많다.

응대요령

① '속고만 살아 왔느냐'라는 뉘앙스의 말투로 고객의 기분을 상하게 만들지 않는다.
② 해당 물건에 대한 분명한 증거나 근거, 타 고객의 반응 등을 제시하여 확실한 믿음을 준다.
③ 고객이 같은 질문을 여러 번 하더라도 귀찮은 내색을 하지 말고 그때마다 믿음을 주고 친절하게 응대한다.

④ '글쎄요', '그럴 리가요?'와 같은 애매모호한 태도는 의심을 더욱 증폭시킬 수 있으므로 자신감 있는 태도로 응대한다.

- 신중한 고객

신중한 고객은 생각을 많이 하고 깊이 있는 질문을 한다. 대화를 하거나 결정을 할 때 시간이 더 걸리고 조금 우유부단하고 망설이는 태도를 보인다.

응대요령

① 직원의 입장에서는 고객이 빠른 결정을 해주기를 바라지만 신중한 고객은 자신의 시간이 필요하다. 이때 성급한 마음을 갖지 말고 고객의 질문에 전문적으로 세세하게 답한다.
② 건성으로 대답하거나 성급하게 설명하기보다는 여유로운 태도로 안내한다.
③ 고객이 혼자 생각할 시간을 준다.
④ 고객의 결정에 도움을 주고 확신을 심어 주기 위하여 통계 데이터를 알려 주거나 '많은 사람들이 이렇게 결정합니다'와 같은 다수의 결론을 말하면 신뢰감을 줄 수 있다.

- 성급한 고객

성급한 고객은 조금만 늦어도 재촉이 심하다. 의자에 앉아 있기보다는 직원 앞에 서서 일을 보는 경향이 많다. 한 번에 많은 이야기를 하고 한 번에 많은 질문을 한다. 또한 '바쁘니까 빨리'를 연달아 말하며 직원의 행동이 빠른지 예의 주시한다.

응대요령

① 가장 좋은 서비스는 신속함이다.

② 걸어갈 곳도 뛰어다니고 고객을 위해서 분주하게 움직이고 있음을 보여준다.

③ 불필요한 대화를 줄인다.

④ 서 있는 고객에게 앉으라고 안내하고 일 처리가 늦어진 경우 늦어지는 이유를 분명하게 말하고 양해를 구하면서 빨리 처리하겠다는 표현을 동시에 해야 한다.

- 자기과시형 고객

자기과시형 고객은 자신이 남보다 우월하다는 심리가 크고 남의 주목을 받고 싶어한다. 타인이 자신을 인정해주기를 바라기 때문에 요구가 심하고 끊임없는 자랑, 큰 목소리, 자기 과시적인 표현을 하며 직원보다는 책임자에게 접근하려고 한다.

응대요령

① 고객의 사회적 위치를 인정하는 태도로 정중하게 대한다.

② 잘난 척하는 고객이라고 거부반응을 보이기보다는 고객 유형 중 하나라고 생각하고 고객의 장점을 찾아내면서 칭찬해준다.

③ 고객의 말에 가볍게 맞장구를 치되 고객보다 말을 더 하지 않도록 주의한다.

7. 고객의 실수와 직원의 반응

능수능란한 현장직원

직원이 고객에게 실수하여 고객이 당황하고 화나는 경우가 많을 것 같지만, 고객이 실수를 해서 오히려 직원이 당황하는 일도 꽤 많다. 이때 '고객이 실수한 것을 구태여 직원들이 왜 나서야 하지?', '고객 때문에 내가 고생하는구나'라는 억울한 심정을 갖고 응대한다면 미안한 마음을 가지고 있던 고객도 '기본이 안 된 직원이다', '고객이 실수를 할 수도 있지, 직원이 너무하네'라며 직원에게 화살을 돌릴 수 있다.

고객이 실수한 것 때문에 내가 피곤해진다는 생각은 문제를 해결하는 데 있어 아무런 도움이 되지 않는다. 실수하는 상황에서도 직원이 진심 어린 친절을 베풀었다면 고객은 직원에게 빚진 감정이 들면서 고마운 마음을 여기저기 알리고 싶은 생각이 든다. 독자들이 공감할 수 있는 이야기들을 소개한다.

::

일본 도쿄에 위치한 한 호텔. 투숙객이 수영장에서 수영을 하다가 콘택트렌즈 한 쪽을 잃어버렸다. 고객은 렌즈 없이 생활하기가 매우 힘들다며 호텔 측에 도움을 요청했다. 당시 일본에서 렌즈는 상용화되지 않은 특수 제작 제품이었기 때문에 호텔 측은 고객의 입장을 최대한 배려하여 렌즈를 찾기로 했다. 수영장 배수구에 미세한 그물망을 설치했고 수영장 물을 모두 빼서 바닥이 드러나도록 했다. 직원들에게 돋보기를 지급하여 렌즈를 찾았다. 수천 톤의 물이 빠져 나간 수영장에서 30여 명의 직원이 돋보기를 들고 바닥을 보며 살금살금 조심히 움직이는 모습을 상상해 보라.

'하늘은 스스로 돕는 자를 돕는다'는 말처럼 결국 3시간 만에 렌즈를 찾을 수 있었다. 이에 감동을 받은 고객이 일본 니혼게이자이 신문에 이 사실을 알렸고 이 일화는 대서특필되었다. 당시 최고급 시설을 갖춘 호텔들이 속속 등장하면서 뒤처지고 있다는 패배주의적 생각을 하는 직원들이 있어 어려움이 있던 상황이었다. 이 일로 인해 직원들은 '전통을 가진 역사적인 호텔'이란 자부심을 가지게 되었다.

일본을 대표하는 임페리얼 호텔(제국호텔) 이야기이다. 역설적으로 들리겠지만 고객이 렌즈를 잃어버리는 실수가 없었다면 이런 일이 일어날 수 없었다. 이 일은 직원들에게는 수동적이었던 응대를 다잡는 계기가 되었다. 굳이 '이렇게까지 해야 하나?', '이 일을 하려고 어려운 공부하고 호텔에 들어왔나?'라며 회의감을 가지지 않고 고객의 실수를 감싸주는 태도를 보일 수 있었다.

고객 만족의 정석

120

여행사에서 가이드를 하던 지인의 이야기다. 일행 중 두 명이 음료수병을 떨어뜨려 유리 파편이 여기저기 튀고 음료수는 바닥에 널브러져 난리였다. 하필 혼잡한 출국장 게이트 앞이었다. 재빠르게 수습을 해야 하는 상황에서 일행들조차 갑작스런 상황에 매우 당황했다. 바로 이때 상황을 어떻게 알았는지 한 직원이 신속하게 출동하여 고객의 옷이 지저분해지는 것을 염려하며 먼저 손수건을 건네주었다. 직원은 유리 파편을 정리하며 무전기로 누군가를 호출했다.

호출 받은 직원은 환경미화 팀장이었다. 고객의 실수를 두고 밝은 얼굴로 웃으며 응대하는 모습 말고도, 관리자의 주머니에서 걸레가 나온 것, 관리자나 직원 모두 고객의 안부부터 물어보는 태도에서 진실함이 느껴졌다.

고객도 아차! 하며 순간적인 자신의 실수로 벌어진 일에 대해서 어찌할 바를 모르고 안절부절 못했다. 이때 고객의 실수에 대해 면박을 주거나, 청소해야 하니 빨리 비켜 달라는 명령식의 말보다는 '누구나 그럴 수 있다'며 고객을 염려하고 감싸주는 따뜻함이 감동을 주었다. 고객은 자신의 실수로 직원이 고생한다고 생각하여 미안한 마음이 생긴다. 이 감정은 신세를 졌다는 생각으로 번져 그 기업을 응원하게 된다.

::

경상남도 사천의 한 연수원에서 교육을 하고 서울로 올라올 때 생겼던 일이다.

아침 일찍 집에서 출발한 지 얼마 되지 않아 휴대전화를 집에 놓고 온 사실을 깨달았다. 고속터미널의 버스 시간에 맞춰서 출발을 했기 때문에 휴대전화를 가지러 집으로 다시 돌아갈 여유는 없었다. 하루 종일 휴대전화 없이 지내야 하는 신세가 되었고 이는 평소에 업무 처리가 많은 나를 불안하게 했다. 다행인 것은 고속도로 휴게소에 버스가 정차할 때마다 짧게나마 공중전화를 이용할 수 있었다. 교육 외에 여러 신경을 쓴 탓에 몸이 천근만근이었지만 교육은 즐겁게 마칠 수 있었다. 교육이 끝날 시간에 맞춰 부른 콜택시를 타고 연수원에서 사천터미널로 이동하는 차 안에서는 서울에 가서 쉴 생각에 행복했다.

그런데 산 넘어 산이라더니 버스 터미널에 도착해 표를 발권하려 하자 신용카드에 문제가 생겼는지 승인이 되지 않아 승차권이 발급되지 않았다. 하루 종일 들락거렸던 공중전화 박스로 가서 고객센터에 전화를 했다. 동전은 계속 떨어지는데 카드사의 대기 안내멘트만 나오며 전화를 받지 않는 상담원으로 인해 마음을 졸였다. 한참 만에 전화를 받은 상담원은 전화상에서는 신용카드가 되지 않는 이유를 파악하기 어렵다고 말하며 나의 한 줄기 희망을 무너뜨리고 말았다. 택시비, 식사비, 공중전화 등 모두 현금으로 지불해서 이젠 현금이 남아 있지 않은데 신용카드마저 되지 않는다고 하니 서울로 어떻게 올라가야 할지 막막했다. 창구 직원에게 집에 전화를 걸어 계좌이체를 할 테니 표 구입을 도와줄 수 있겠냐고 물었다. 직원은 자신의 입장이 곤란한지 그렇게 할 수 없다며 거절했다. 잠시 후 그 직원이 나를 찾아오더니 게이트 앞에 가서 버스 기사님께 한번 부탁해보라고 했다.

서울행 버스 앞에 모여 있는 기사님들 쪽으로 가서 내가 처한 상황에 대해 자초지종을 이야기했다. 초면인 나에게 돈을 빌려줘야 할지 다들 갈등하는 모습이었다. 정말 방법이 없는 건가 싶어 절망적이었는데 잠시 후 다른 기사님이 내 사정을 듣고는 기꺼이 돈을 빌려 주셨다. 너무나 감사한 마음에 수첩을 꺼내며 계좌번호를 여쭤보았지만, 버스 곧 출발하겠다며 표 먼저 구입하라는 것이었다. 표를 발권하고 기사님께 계좌번호와 성함만 받아든 채 서울행 버스에 바로 올라탔고 무사히 도착할 수 있었다.

망설임 없이 차비를 빌려 주신 영화여객의 그 기사님이 정말 고맙다. 이 일이 그리 대단하고 큰 경험이 아닐 수도 있겠지만, 생면부지의 사람에게 아무런 조건 없이 선뜻 돈을 건네는 일이 쉬웠을까? 표부터 사라는 기사님의 말씀에 '대가 없는 친절'을 느꼈다. 기업도 고객에게 '도움을 주면서도 별다른 대가를 바라지 않을 때' 진심이 전달되어 고객이 큰 감동을 받을 것이다.

3장 불만고객 응대

요럴 땐 요렇게

불만고객에게 미리 겁먹을 필요는
없습니다. 왜냐하면 불만고객은
기업에게 개선의 기회를 주는
고마운 고객이기 때문입니다.
3장은 불만고객을 바르게 이해하고
불만고객을 응대하는 단계별
방법을 제시하였습니다. 불만에서
만족으로 전환하는 데 도움을 받을
수 있을 것입니다.

불만고객 후폭풍

불만고객 한 사람의 영향력은 얼마나 될까요? 고객의 불만을
소홀하게 대처하면 큰 코 다친다는 교훈을 주는 이야기가
있습니다.

캐나다의 한 밴드가 공연을 위해 미국의 유명 항공사를
이용하게 됐습니다. 경유지인 시카고에 도착했을 무렵 그들은
충격적인 장면을 목격했습니다. 수화물 담당 직원들이
자신들의 기타를 아무렇게나 짐칸에 던지는 것이었습니다.
곧바로 기내 승무원에게 상황을 알렸으나 묵살당하고
말았습니다. 비행하는 내내 불안감에 휩싸인 그들은 목적지에
도착하자마자 기타를 살펴보았고 우려대로 약 3,500달러나
되는 고가의 기타 손잡이가 파손되어 있었음을 보고
망연자실했습니다. 그들은 불만을 접수했으나 항공사 측에서는
제대로 해결해주지 않은 채 버티기 식 태도를 취했습니다.
그렇게 9개월이 지난 시점에서 밴드는 결국 보상을 해주지
못하겠다는 통보를 받게 됩니다. 그들은 직원에게 항공사의
고객서비스 행태를 노래로 만들어 그 동영상을 세상에
알리겠다고 경고하였습니다. 그 동영상 때문에 회사가 얼마나
많은 피해를 입을지 짐작했더라면 항공사 직원들은 그 밴드를
나 몰라라 하지 않았을 것입니다.
그들은 항공사 유니폼을 착용한 직원 차림의 남자로 분장하여
기타를 함부로 다루고 집어 던지는 모습 그리고 부러진 기타를
들고 노래를 하는 멤버의 모습을 촬영해 동영상 사이트에

올렸습니다. 항공사 이름과 노선 및 경유지, 구체적 지명이
고스란히 담긴 뮤직비디오는 일파만파 퍼져 사흘 만에 100만
건이 넘는 재생 횟수를 기록했고 이후 항공사의 주가는 10%
하락세를 타게 되었습니다. 주가 하락에는 여러 요인이 있을
수 있겠지만, 그 뮤직비디오가 많은 영향을 끼친 것은 분명해
보였습니다. 결국 항공사 측에서는 기타 수리비 보상은 물론,
파손품에 대한 수화물 규정을 개정하였습니다.
재미있는 것은 그 밴드가 쓰는 기타가 영상을 통해서 엄청난
홍보 효과를 누리게 되었다는 점입니다. 기타 회사의 사장은
밴드에게 기타 2대를 제공하여 후속편 영상을 계속 만들
수 있도록 후원하였습니다. 각종 인터뷰와 매체를 통해서
밴드 인지도가 급속도로 상승해 유명세를 탔음은 말할 것도
없습니다.

불만고객 한 사람이 대기업을 휘청거리게 만들 수도 있다는
교훈이 있는 좋은 사례입니다. 고객은 처음부터 기업을
비난하려고 한 것은 아니었습니다. 불만을 제기한 최초
시점부터 계속 시간을 끌며 버티기만 하는 기업의 무책임한
응대를 참다못해 분노하는 것입니다. 그리고 그 분노가 기업에
피해를 가져다주는 결과로 이어진 것입니다. 불만이 접수되면
그 시점부터 고객을 이해하고자 노력해야 하며 불만이 더 이상
주변에 확대되지 않도록 정성을 다해 응대해야 합니다.
이번 장에서는 불만고객 응대에 대하여 알아보겠습니다.

1. 고객의 소리는
개선할 수 있는 기회

말하는 고객 vs 말없이 떠나는 고객

불만을 느꼈을 때 그 불만을 직접 직원에게 말하는 편인가? 현실적으로 직원의 큰 실수나 큰 불평거리가 아니면 직원에게 불만을 바로 말하는 고객은 그리 많지 않다. 고객도 직원에게 괜찮은 사람으로 보이고 싶을 것이며 불만을 말하고 지적하면서 화를 내는 고객의 모습으로 혹은 괜히 유별난 사람으로 기억되는 것이 부담스럽기 때문이다. 그래서 불만이 생기더라도 '오지 않으면 그만'이라 생각하여 개운하게 해결하지는 못하지만 그냥 덮어 두는 것이다.

미국의 TARP(Technical Assistance Research Program) 조사에 따르면, 불만을 느끼는 고객 100명 중에서 불만을 말하는 고객은 약 4명에 불과하다고 한다. 불만고객 100명 중 4명만 불만을 가진 것 같지만, 말하지 않은 나머지 96명 중에서는 말하지 않았을뿐 내심 불만을 갖고 있는 고객이 있을 수 있다. 그러므로 4명이라고 해서 불만고객이 소수라고 해석하는 것은 적절하지 않다.

불만을 표현하는 고객들은 대다수의 숨겨진 불만을 대신 알려주는 고마운 고객이다. 하지만 현실에서는 불만을 느낀 고객 대다수가 표현을 하지 않고 말 없이 떠난다. 여기에 주목해야 한다.

나는 누구일까요?

나는 멋지고 착한 고객입니다.

나는 정말로 좋은 고객입니다.

나는 어떤 종류의 서비스를 받더라도 불평하는 법이 없습니다.

음식점에서는 조용히 앉아서 종업원들이 주문을 받으러 오길 기다리며 절대로 종업원들에게 주문받으라고 요구하지도 않습니다. 종종 나보다 늦게 들어 온 사람들이 나보다 먼저 주문을 하더라도 불평하지 않습니다. 나는 기다리기만 할 뿐입니다. 언젠가 내가 주유소에 들른 적이 있었는데 종업원은 거의 5분이 지난 후에야 나를 발견하고는 기름을 넣어 주고 자동차 유리를 닦고 수선을 떨었습니다. 그러나 내가 누굽니까? 서비스가 늦은 것에 대해 불평하지 않았습니다. 나는 절대로 잔소리하거나 비난하지 않습니다. 시끄럽게 불평을 늘어놓지도 않는 멋지고 착한 고객입니다.

여러분 내가 누군지 궁금하지 않으십니까?

바로 나는 '돌아오지 않는 고객'입니다.

고객이 떠나는 이유는 분명하다

위의 글처럼 고객은 불만이 있다고 해서 바로 표현하지 않는다. 어차피 해당 기업을 다시 이용하지 않을 것이므로 말할 필요성을 느끼지 못하기 때문이다. 기업은 고객이 떠나는 이유를 모르지만 고객은 떠나는 분명한 이유가 있다.

::

통장이 만기되어 새로운 통장을 발급받고자 은행을 방문한 적이 있었다. 일을 처리하는 과정에서 창구 직원이 기존에 거래했던 만기된 통장의 마그네틱을 쭉 찢더니 일언반구의 언질도 없이 휴지통에 버리는 것이 아닌가! 별다른 의도는 없었겠지만, 고객의 물건을 함부로 취급하는 모습을 보는 순간 신뢰감이 사라졌다. 나는 직원에게 버린 통장을 다시 달라고 했고 가입하려 했던 새 상품을 가입하지 않았다. 그렇다고 해서 직원의 행동에 대해 따로 불만을 토로하지도 않았다. 마치 아무 일도 없던 것처럼 은행을 나오며 고객의 물건을 함부로 다루는 은행과 다시는 거래를 하지 않겠다고 다짐했다.

이와 같이 고객은 기업을 떠나는 이유가 분명히 있지만, 자신의 불만을 말하지 않고 이탈하는 고객이 상상 이상으로 많다. 고객의 통장을 생각 없이 휴지통에 버리는 실수를 했다고 해도 고객이 통장을 다시 달라고 했을 때에는 직원 본인이 실수했음을 깨달았어야 한다. 직원은 고객을 항상 관심 있게 예의주시하고 조금이라도 불편한 기색이 보이는 고객이 있다면 피하지 말고 능동적으로 해결해야 하는 것이다.

기존에 거래했던 고객이 불만을 갖게 되어 '여기는 두 번 다시 오지 않겠다'고 하는 것은 기업에게 큰 손해를 끼칠 수 있다. 기존 고객들의 호의적인 구전(口傳) 광고가 신규고객을 창출하고 기업의 홍보비용을 경감시켜줌으로써 기업 이익을 크게 늘려주는데 이를 놓치는 것이기 때문이다. 불만을 최소화하려고 노력하고 고객만족도를 꾸준히 유지할 수 있어야 고정 고객층의 이탈을 방지할 수 있으며 안정적인 기업 운영이 가능하다.

☼ tip

불만을 말하지 않는 고객의 심리

✓ 서비스 선택의 폭이 넓다
과거와 달리 고객은 갈 곳이 많아서 어디를 선택해야 할지 고민한다. 기업이 고객을 선택하는 시대가 아니라 고객이 기업을 선택하는 시대이다. 고객은 자신이 어디로 갈지 뜻대로 고를 수 있다.

✓ 개선의 여지가 보이지 않는다
불만을 느꼈을 때 '굳이 말을 해야 하나? 말해도 고쳐지지 않을 것 같은데……'라며 잠시 망설였던 경험들이 있을 것이다. 기업이 적극적으로 수용할 것 같지 않고 고치지도 않을 것 같은 태도가 미리 실망스러워 말하지 않는다.

✓ 어느 곳에 말을 해야 할지 모른다
불만을 말하려면 담당 직원에게 말을 해야 할 지 아니면 매니저나 CS 직원을 찾아야 할지 잘 모르고 찾는 일도 번거로워서 싫어한다. 고객은 불편하면 오기 싫어한다.

✔ **자신의 사견을 인터넷을 통해 공론화한다**

고객은 자신의 불만을 공론화할 수 있는 시스템이 많기 때문에 직접 직원에게 말하기보다는 인터넷과 같이 불특정 다수에게 불만을 퍼뜨리겠다는 심리다.

✔ **시간적, 정신적 여유가 없다**

고객 본인의 시간을 투자하여 구태여 정신적인 피곤함을 겪고 싶지 않아서 그냥 지나간다.

✔ **경쟁 업체로 간다**

기업이 독점하는 시대가 아니라 기업끼리 고객을 모셔가기 위해 경쟁하기 때문에 굳이 불만을 얘기하지 않고 다른 곳으로 간다.

✔ **주변 사람들 의식, 혹은 말하는 순간의 민망함이 싫다**

고객 자신의 불만은 정당하다고 생각하지만, 불만을 접수할 때 주변 상황으로 인해서 위축될 수 있다. 또한 주변에 있는 다른 고객도 의식하게 되어 그 순간의 민망함으로 말하지 않는다.

✔ **불이익을 피하고 싶다**

괜히 불만을 말했다가 받을 것도 받지 못하는 식으로 자신이 피해를 볼까 봐 걱정한다.

✔ **직원이 괜히 피해를 볼까 염려한다**

자신 때문에 직원이 상사에게 불이익을 당하지 않을까 그 처지를 이해하므로 말하지 않는다.

✔ **한 번은 기회를 주고 지켜본다**

불만이 있어도 다시 방문하는 고객들이 있다. 누구나 실수는 할 수 있으니 한 번은 참아 주겠으나, 다음에 또 비슷한 실수를 한다면 더 이상 방문하지 않는다.

2. 고객의 소리는 기업의 이득

고객의 소리에 온 신경을 쏟아라

리츠칼튼 호텔의 초대 사장을 지냈던 호르스트 슐츠(Horst Schulze)는 "고객의 소리에 끊임없이 귀 기울여라. 고객은 변한다. 만약 여러분이 고객을 완벽하게 만족시켰다면 고객에게 더욱 귀 기울이고 그들이 변하는지를 확인하라. 만약 고객의 기대가 바뀌었다면 여러분도 그들처럼 바뀌어라"라고 하면서 고객의 소리에 대한 가치를 강조했다.

고객의 불평을 들었을 때 '기회를 잡았다'고 생각하는 리츠칼튼 호텔 직원들은 고객 불만에 대한 처리가 서비스 직원의 당연한 의무라고 여긴다. 회사 경영 모토인 '신사·숙녀가 신사·숙녀에게 서비스를 제공한다(We are Ladies & Gentlemen Serving Ladies & Gentlemen)'에서 알 수 있듯이 불만을 접하는 순간 직원은 고객 한 명당 최대 2,000달러까지 지출할 수 있는 권한을 가지고 있다. 고객의 불만을 접수받는 최초 직원은 자신의 직급이 무엇이든 상관없이 바로 불만처리 담당자가 된다.

즉, 고객 없는 기업은 존재할 수 없고 고객의 소리 없는 기업은 성장할 수 없다.

::

경기도 안산도시공사의 경우 1년에 두 번, 상반기와 하반기로 나누어 민원처리 만족도 조사를 정기적으로 실시한다. 고객들의 민원처리 해결에 대한 만족도를 조사 분석하여 향후 서비스 개선에 필요한 기초 자료를 수집하는 것이 조사의 목적이다. 조사 대상은 홈페이지 고객의 소리, 이메일, 각 사업장에 배치된 고객의 소리함, 전화로 민원을 접수한 고객이다. 공사 측에서는 고객의 민원이 접수되면 하루 이내에 답변을 하는 것을 원칙으로 민원내용의 해당 부서 담당자가 직접 처리한다. 특히 사무적인 답변태도를 경계하고 고객입장에서 공감하고 정성을 다하며 작은 부분에도 신경을 쓴다. 공사 직원들은 고객의 소리에 대해 '답변을 정성껏 하는 것도 중요한 고객서비스'라고 하면서 고객 한 사람 한 사람에게 정성을 기울이는 데 주력했다. 애당초 불만고객의 처리 만족도를 파악하는 것이 조사의 목적이었지만 그를 뛰어넘어 해마다 꾸준히 실시하는 과정에서 고객들에게는 신뢰감을, 조직 내에서는 서비스 문화를 자연스럽게 형성하는 분위기를 얻는 쾌거로 이어졌다.

답변을 하는 과정에서 잘못된 단어 표기, 무성의하게 느껴지는 단문단답, 누구에게나 일률적인 답변, 전문용어 남발, 담당자의 이름이나 연락처 부재, 오타 등으로 오히려 고객을 더 화나게 만드는 기업이 많다. 이런 상황이 반복되면 고객은 기업을 한심하게 바라보게 되고 마음속 불만은 더욱 커지게 된다. 직원은 답변을 했으니 해결되었다고 생각하겠지만 고객은 여전히 불만이다.

위 사례처럼 고객이 귀한 존재임을 알고 고객의 소리에 꾸준하게 귀를 기울이고 정성을 다하는 기업만이 결국 고객의 신뢰를 얻을 수 있다. 고객의 불만처리는 기업에 관심이 있는 고객들의 애정 어린 소리이며 결과적으로 기업에 우호적인 고객이 될 수 있는 시작이다. 고객의 소리를 귀담아 듣게 되면 기업의 문제점을 조기에 파악하고 해결할 수 있으므로 제품과 기업 활동 개선에 도움을 준다. 고객의 소리를 집중하여 듣지 않고 불만이 개선되지 않는다면 기존고객을 놓치게 될 뿐 아니라 신규고객 확보에도 어려움을 겪을 것이다. 고객의 소리에 대한 중요성을 잘 알면서도 바쁜 업무를 핑계로 제대로 관리하지 않았다가 VIP 고객을 놓친 경우의 사례가 있다.

::

한국에 수시로 방문하는 지인은 한 호텔을 지정하여 투숙을 했다. 그는 그 호텔의 VIP였지만 다음에는 호텔을 바꿔야겠다고 말했다. 그 이유는 저번에 방문했을 당시 앞으로 자기가 투숙하면 수건을 충분히 비치해달라는 요구를 했었는데 전혀 수용되지 않았던 것이다. 자신이 요청한 사항에 대한 기록조차 없었다고 했다. 고객의 소리를 한 쪽 귀로 듣고 흘려보내는 호텔 서비스에 실망해 무늬만 VIP 고객이라며 다시는 불만을 말하지도 않을 것이고 그냥 말없이 떠나겠다고 덧붙였다.

고객의 소리를 귀하게 듣고 개선했을 때 고객은 자신이 가치 있는 존재로 대접받는 느낌이 들어 지속적인 관계를 유지하지만, 위의 경우처럼 고객의 소리를 가볍게 여겼을 때는 기업에 실망을 느끼고 경쟁사로 떠난다. 고객의 요구사항이나 불만, 제안 등을 소중하게 듣고 전략적으로 관리할 수 있어야 한다.

고객의 소리를 전략적으로 관리하기

고객의 소리가 기업에게 가치가 있다는 인식이 확산되고 고객과의 소통이 중요해짐에 따라 고객의 소리(VOC, Voice Of Customer)를 체계적으로 관리, 이를 고객서비스 개선에 적극적으로 활용하는 '고객의 소리 통합 관리 시스템'을 구축하는 곳이 많다.

'고객의 소리 통합 관리 시스템(CVMS, Customer Voice Management System)'이란 이메일, 전화, 팩스 등 다양한 경로를 통해 들어오는 고객의 의견과 불만사항을 접수부터 처리까지 효율적으로 관리하는 시스템을 말한다. 처리한 결과를 지표화하여 관리·평가함으로써 고객의 체감 서비스를 향상시키는 데 목적이 있다. 고객의 소리 유형으로는 상담 문의, 불편 불만, 칭찬 격려, 고객 제안, 기타 의견 등 여러 유형이 있으나 불만고객에 대한 응대가 가장 민감하고 중요하다고 볼 수 있다.

고객의 소리 관리 시스템 담당자는 고객의 소리가 접수되면 내용을 분석하고 이를 관련 부서에 전달한다. 해당 담당자가 직접 고객에게 답변을 하여 향후 고객의 목소리를 경영 전반에 반영할 수 있도록 한다. 따라서 시스템 담당자는 접수내용이 어떤 유형인지를 분류하고 관련 부서에 정확히 전달할 수 있어야 하며 때로는 자신이 직접 고객의 소리를 응대할 수 있어야 한다. 이때 고객이 원하는 것을 파악하는 정확한 니즈 분석능력과 해석능력이 요구되며 조리 있게 말하는 전달능력과 감성적으로 자극하는 공감능력이 필요하다. 불만고객이 원하는 요구에 부응하여 고객과의 원만한 해결책을 모색할 수 있을 때 불만고객은 기업에게 우호적인 감정을 느낀다. 이게 바로 고객의 소리 관리 시스템을 성공적으로 가동했을 때의 긍정적 영향이다.

고객의 소리를 읽어 보면 기업의 움직임을 느낄 수 있고 현재 고객이 무엇을 원하는지 알 수 있다. 즉, 기업에게 안내판 역할을 하는 것이다. 마치 우리가 길을 헤매고 있을 때 어디로 가야 할지 난감하고 불안한 상황에서 만난 이정표와 같은 것이 바로 고객의 소리이다. 기업의 경영 지표가 되는 고객의 소리를 일선 현장에서 직원이 흘려듣고 묻어 버리는 경우를 막으려면 평소 직원들에게 기업의 발전, 기업의 방향을 제시하는 것이 고객의 소리라는 점을 인식, 강조해야 한다. VOC 통합 관리 시스템을 가동하는 것은 고객의 시각에서 바라보고 기업의 정책을 운영하겠다는 의지로 보여 매우 고무적인 일이다. 따라서 경영진은 고객의 소리를 개인적인 문제가 아닌 기업 차원에서 다루어야 하며 시스템이 체계적일 수 있도록 꾸준히 지원하고 투자해야 한다.

2014년 9월에는 캘리포니아 주의 제리 브라운 주지사가 '고객이 비판적인 댓글이나 리뷰를 작성하는 것을 기업이 방해할 경우 기업에게 약 1만 달러의 벌금을 부과할 수 있다'는 법안에 서명하였다. 기업은 고객의 불평을 소중하게 생각하고 겸허하게 수용해야 한다는 자세를 강조한 것이다. 고객의 불평이 가치 있는 이유는 다음과 같다.

☀ tip

고객의 불평이 가치 있는 이유

✔ 서비스 체크
평가를 받지 않는다면 자신이 얼마나 잘하고 있는지, 우리 기업이 고객들에게 어떤 평가를 받고 있는지를 파악하기 힘들다. 고객의 소리를 통해 서비스에 대한 피드백을 받을 수 있다.

✔ 서비스 창조
'아하, 이런 점도 있었네'라며 고객의 의견을 수용하여 기업이 미처 파악하지 못했던 점을 아이디어로 얻을 수 있다. 기업에게 유용한 정보로 활용될 수 있으며 그것은 곧 새로운 기회이다.

✔ 고객의 욕구 파악
고객의 성향과 니즈를 파악할 수 있어서 고객마다 맞춤식 서비스가 가능하다.

✔ 서비스 품질 향상
서비스 품질에 대한 문제점을 듣고 개선함으로써 고객에게 더 좋은 제품을 선보일 수 있다.

✅ 서비스 마인드 재정립
'몸에 좋은 약은 쓰다'는 말도 있듯이 고객의 불만을 듣고 더 나은 서비스를 위한 마인드 컨트롤을 할 수 있다.

✅ 같은 실수 예방
기업에 문제점이 발생하면 더 이상 재발하지 않도록 직원을 교육하여 고객만족을 창출할 수 있다.

✅ 고객 이탈 방지
타 기업, 경쟁 기업으로 고객이 이동할 수 있는 가능성을 줄일 수 있다.

✅ 기업 이미지 쇄신
진지한 태도로 고객의 의견을 듣는 모습을 어필함으로써 겸손한 기업이라는 이미지가 생겨 호감을 줄 수 있다.

고객 만족의 정석

3. 불만고객의 3가지 유형

불만이 있어도 말하지 않고 침묵하는 고객이 있는가 하면 자신의 불만을 직접적으로 표현함으로써 개선해줄 것을 당당한 요구하는 고객도 있다. 불만고객의 유형이 어떤 형태이든 상관없이 직원이 응대하는 태도로 인해 고객의 불만이 사라지기도 하고 더 커지기도 한다. 불만고객은 감정을 표현하는 방식에 따라 크게 3가지 유형으로 나눌 수 있다.

직접 말하는 고객(불만을 직원에게 표현하는 고객)

빌 게이츠는 "여러분의 제품에 가장 불만족스러워하는 고객은 뭔가를 배울 수 있는 최고의 소스"라고 했다. 불평 자체보다 그 이면에 담겨 있는 마음을 고객의 관심으로 이해한다면 결국엔 문제점을 지적해주는 고객들에게 감사한 마음을 갖게 된다는 것이다. 고객 대부분은 불만을 말하지 않기 때문에 이러한 고객이 기업의 입장에선 가장 편하다고 생각할 수 있지만 사실은 그렇지 않다. 직접 표현하는 고객이야말로 최고의 고객이다. 기업에 개선의 기회를 주는 선물이라 생각하여 고맙게 여기고 적극적으로 고객의 의견을 반영할 수 있도록 노력하는 자세를 보여야 한다.

- 특징
  - 기업에게 직접 불만을 말함으로써 상품과 서비스 개선의 기회를 주는 가장 바람직한 유형
  - 자신의 불만을 기업에게 전달하였으므로 사후 처리에 대한 관심이 큼
  - 기업에 대한 애정을 가지고 있으므로 자신의 불만만 해결되면 재거래, 재방문함
  - 고객의 의견을 수용했을 때 고객은 기업에 강한 유대감과 긍정적인 생각을 하게 되어 지속적인 거래를 하는 고객으로 기업의 매출 증가에 기여

응대요령
① 고객의 불만을 사소하거나 하찮게 여기지 말고 편안하게 말할 수 있도록 배려하기
② 고객이 불만을 말하면 즉각적인 피드백을 하기
③ 고객의 지적에 감사함을 표현하기
④ 고객에게 개선할 의지를 보이고 잘하겠다는 다짐하기

말하지 않는 고객(불만을 직원에게 표현하지 않는 고객)

'떠날 때는 말없이' 고객 유형이다. 표현 그대로 불만이 있어도 말하지 않고 조용히 떠나는 고객이다. 불만을 말하지 않는 고객 중에서는 '아무에게도 말하지 않는 고객'이 있고 직원에게만 말하지 않았을 뿐 '주위에 불만을 퍼뜨리고 다니는 고객'이 있다. 이들은 기업이 모르고 있는 사이에 매출 손실에 큰 영향을 준다. 대단한 불평거리가 아니라면 말하지 않고 내심 '다시 안 오면 그만이지'라고 생각하여 굳이 얼굴을 붉히면서까지 직원에게 자신의 불만을 드러내고 싶지 않은 것이다. 직원은 고객이 아무런 말을 하지 않으니 별 탈이 없을 것이라고 여겨 자신의 서비스가 문제가 없다고 판단하게 된다.

직원에게 말하지 않다가 주위에 불만을 퍼뜨리는 고객은 기업을 이용하지 않았던 사람들조차 그 기업을 호의적인 감정으로 바라볼 수 없게 만든다. 더 많은 잠재고객의 이탈을 불러올 수 있는 것이다. 비난을 자주 받는 기업이 되면 그 기업을 좋아할 고객은 없기 때문이다. 불만을 말하지 않는 고객의 숨은 니즈를 파악하는 것은 말처럼 쉬운 일이 아니다. 그렇지만 직원이 고객의 불만을 자연스럽게 이끌어 낼 수 있도록 편안한 환경을 조성하고, 불만을 알았다면 해소하는 데 주력해야 한다.

- 특징
- 불만을 직원에게 말하지 않는 고객
- 기업에게 불만을 알리지는 않지만, 주변에 불만을 소문 내어 잠재고객까지 잃게 하여 수요를 점점 줄어들게 함
- 기업 이미지에 타격을 주어 기업 매출에 손해를 끼침

응대요령
① 숨은 불만도 고객에게 적극적으로 찾아가서 직접 듣고
  개선점 찾기
② 적극적으로 표현을 하지 않기 때문에 고객의 변화되는
  표정이나 행동 관찰하기
③ 불만이 예상되는 상황에서는 예방 서비스를 제공하기
④ 고객이 편안한 마음으로 의견을 제시할 수 있도록 다양
  한 온라인 채널 마련하기

행동하는 고객(불만을 세상에 폭로하는 고객)

은근슬쩍 문제를 넘기려는 직원을 보면 없던 불만도 생겨
나는 경우가 있다. 하물며 불만고객과의 응대 과정에서 대강
처리하려는 직원을 만나면 자신의 불만이 무시당했다는 기분
에 불만이 증폭된다. 고객의 대부분은 처음부터 일을 크게 만
들고 싶지 않은 마음이다. 단지 불만을 처리해주는 과정에서
직원의 태도나 기업의 시스템상의 이유로 더욱 크게 화가 나는
것이다. 불만을 접수 받은 과정에서 해결이 되지 않은 상태로
기업이 버티기나 모르쇠로 일관하는 입장을 취한다면 고객은
어느 순간 더 이상 참지 않으며 자신의 불만을 세상에 적극적
으로 알린다.

• 특징
- 자신의 불만을 공론화하는 고객
- 1차적으로 기업에게 불만을 제기하고 그에 만족하지 못

한 결과가 나오게 되면 법적 행동이나 다른 매체(소비자 단체, 고객 상담실, 인터넷, 언론, SNS 등)를 이용함
- 대응하고 복수하는 유형으로 수많은 고객을 잃게 하여 기업에 가장 크게 치명타를 입힘

응대요령
① 주변에 일이 번지고 나면 상급자가 처리하기
② 다소 늦었다고 생각이 되더라도 고객의 입장을 충분히 고려하여 신속하게 해결하기
③ 문제 해결을 위한 노력을 하고 있다는 인상을 지속적으로 보여주어 함께 납득할 만한 해결책 찾기

4. 불만고객 응대 단계

1단계: 자기감정 다스리기

불만고객의 1단계는 고객의 입장에서 서비스를 제공하려는 준비운동을 한다고 보면 된다. 바로 '자기감정 다스리기'이다. 순간을 참으면 될 일을 감정을 조절하지 못해 상대의 가슴에 상처를 남기고 중요한 결정을 하는 순간에도 실수를 하는 직원들이 있다. 이는 분노하는 감정이 자기 통제권을 벗어난 것으로, 이성보다 감정이 앞서서 결국 상황을 망친다. 자기의 감정을 절제하지 못하고 일을 처리한다면 고객에게는 불만을, 기업에는 손해를 끼치게 된다. 평소에 화를 잘 내거나 욱하는 성격인 사람들은 고객과도 얼굴을 붉힐 일이 많다. 고객을 감정적으로 받아들이고 불만고객들에 대해 무조건 비판하려는 사고로 인해 분노를 느끼는 것이다.

'아무리 고객이라도 버릇없는 것은 참을 수 없다.'
'고객이 반말을 해서 기분 나쁘다.'

'내가 이 회사를 그만 두더라도, 유니폼을 벗는 한이 있어도 이 사람을 고치고 말겠다.'

이런 마음은 버리는 것이 좋다. 고객이 불만을 표한다고 해서 직원 역시 같이 화를 내고 결국 고객과 언성을 높여 결과를 더 안 좋게 끌고 가는 경우가 있다. 저자가 서비스 교육을 하다 보면 '처음엔 잘 참았는데 고객이 너무 심해서……'라며 결국 화를 낼 수밖에 없었다는 직원들을 종종 목격한다.

"선생님도 직접 이 일을 해 보시면 제가 왜 예민해지고 화를 내는지 아실 걸요?"

"저 이 회사 처음 들어왔을 때는 얼마나 순수하고 착했는데요. 저도 즐겁게 일하고 싶은데 얼토당토않은 이유로 화를 내는 고객들을 자주 접하다 보니 열이 받을 수밖에요."

고객이 나의 감정을 계속 건드려서 참다못해 화를 냈다는 이야기이다. 직원도 같이 화를 내면 고객은 '옳거니' 하면서 약점을 잡았다는 생각에 직원의 태도를 가지고 더욱 왈가왈부한다. 감정적인 태도 때문에 직원이 제공한 서비스의 정당성은 사라지며 여태까지 쌓아온 공든 탑은 바로 허물어진다. 불만고객은 격앙된 감정으로 직원들에게 다가오기 때문에 그런 모습에서 직원도 같이 흥분할 수 있다. 하지만 고객은 이유 없이 화를 내는 것이 아니라 상품과 서비스를 이용하는 과정에서 생긴 불만을 토로하는 것이다. 직원이 사적인 감정으로 고객을 바라보고 불쾌함을 표시한다면 다음의 사례처럼 악화된 결과를 초래한다.

::

    24시간 셀프 주유소를 경영하는 한 사장님의 이야기다. 주변에서 평판이 좋은 주유소이건만, 일전에 속상한 일이 있었다며 들려준 이야기이다.

    어느 날 새벽, 직원이 고객과 크게 다투었다. 새벽에 방문한 고객이 1만 원을 주유하기 위해서 신용카드로 계산을 하는데 카드기가 작동이 되지 않은 것이다. 그 상황에서 예민해진 고객은 사무실로 찾아가 짜증 섞인 목소리로 도움을 청했다. 직원은 기계 오작동이 본인 탓도 아닌데다가 자신보다 훨씬 어려보이는 사람이 외제차를 가지고 와서 겨우 1만 원 주유를 하며 존댓말도 아니고 반말도 아닌 예의 없는 태도를 보이니 영 마음에 들지 않았다. 불쾌한 마음이 대화에 그대로 드러났고, 티격태격하다 점점 상황이 악화되어 멱살까지 잡게 되었다.

    그 과정에서 고객의 셔츠 단추가 떨어졌고 운동화도 더러워졌다. 더욱 화가 난 고객은 사장 나오라고 소리쳤고 결국 새벽에 출두한 사장님이 고객에게 셔츠, 운동화를 보상해주는 조건으로 상황은 종결되었다. 다음 날 사장님은 그 고객이 입고 있던 브랜드의 셔츠와 운동화를 구입했는데 셔츠는 45만 원, 운동화는 65만 원으로 총 110만 원을 지출해야 했다. 평상시 검소한 캐주얼 복장을 입는 사장님 입장에선 하늘이 노래질 정도로 치명적인 옷 가격이었다.

    고객은 새벽에 주유하고 빨리 이동해야 하는데 시간이 지체되어 점점 예민해지다가 카드 작동기가 되지 않으니 당황했을 것이다. 충분히 화가 날 수도 있다. 객장에 나온 직원은 고객의 입장에서 상황을 바라보고 자신의 감정을 절제할 수 있어야

148

한다. 쉽사리 자신의 감정을 다스리지 못한 태도에선 진정한 서비스가 나올 수 없으며 불만을 더욱 크게 확대시켜 '불난 집에 부채질' 하는 격이 된다. 고객은 나에게 화를 내는 것이 아니라 회사를 상대로 화를 내고 있다. 개인에게 화를 내는 것이라고 생각하면 이 상황이 매우 억울하고 화를 다루기 힘들 것이다. 그 마음은 곧 고스란히 고객을 응대하는 태도에 드러나게 되어 좋은 결과를 가져올 수 없다. 다음 페이지에 제시된 자기 감정 다스리는 법을 읽어보자.

자기감정 다스리는 법

✔ 고객의 상황을 인정하기

고객도 화를 내면서 일을 어렵게 만들고 싶지 않다. 고객은 화를 낼만한 일도 아닌 일에 이유 없이 화를 내는 것이 아니다. 화를 낼 이유가 있기 때문에 화가 난 것이라고 상대를 인정해 준다. '고객이 항상 문제이고 까다로운 대상'이라며 색안경을 끼고 보는 선입견은 응대할 때 표정이나 태도에서 드러나므로 일을 해결하는 데 도움이 되지 않는다.

✔ 객관적으로 상황을 바라보기

이미 일은 벌어졌다. 주관적으로 자신의 감정을 개입하고 상황을 바라보면 흥분되고 화만 날 것이다. 상황을 객관적으로 바라볼 수 있어야 문제 해결에 도움이 된다. 위의 주유소 사례에서 보듯이 개인의 감정으로 고객을 곱지 않은 시선으로 바라보았기 때문에 결과는 당연히 부정적이다. 회사의 상품과 서비스를 받는 과정에서 생겨난 고객의 불만과 상황에 초점을 맞춘다.

✔ 자기 암시하기

'나를 일부러 무시하려고 한 것은 아니야', '그 누구에게라도 화를 냈을 거야', '내가 하면 잘 할 수 있어'와 같이 인지적 기법을 이용하여 스스로 위로하고 격려하는 자기 암시를 한다. '내가 정말 잘해냈다', '내가 하니까 이렇게 잘 참을 수 있다', '정말 대단한 나다!'라고 스스로를 칭찬한다.

✅ 분노 조절하기

우리는 스스로의 마음을 인지하지 못하여 자신도 모르게 뜻하지 않은 실수를 하는 경우가 있다. 평소에 극도로 화가 치밀어서 분노가 쌓이는 사람들은 의식적으로라도 감정 상태를 알아차리려고 노력을 해야 하며 그럴 수 있을 때 분노도 조절이 가능하다. 심호흡, 자극 피하기, 관심 바꾸기, 용서를 통한 해소로 평소에도 분노가 쌓이지 않도록 훈련한다. 분노를 조절하지 못하여 공격적으로 변하지 않도록 감정 조절에 관심을 가져야 한다. 심호흡은 앉아서도 할 수 있는 가장 간단한 방법이기 때문에 자신의 격한 감정을 가라앉히는 데 도움이 된다.

✅ 평소에 스트레스 풀기

어느 기업에서는 스트레스를 해소해 주는 일명 '스트레스 해소방'을 만들었다. 전자오락실, 인터넷 카페, 휴(休)카페 등이 있어서 직원들이 쌓인 피로를 풀 수 있고 교류 장소로도 인기가 있다. 한 스트레스 해소방에서는 평소 쌓인 분노를 표출하도록 안전 장비를 착용하여 야구방망이를 들고 재활용품을 마음껏 두드리도록 한다. 자신의 감정을 수시로 다스리지 않는다면 만병의 근원인 스트레스가 쌓여 사람을 만나는 것도 귀찮아지고 직장 생활에서도 활기를 잃어버린다. 자신에게 적합한 방법을 찾아서 평상시에 스트레스를 풀어보자. 그럴 때 더 밝은 서비스도 가능하다.

2단계: 공감과 경청

'사람의 마음을 움직이는 것은 입이 아니라 귀'라는 말처럼 불만고객과의 성공적인 대화를 원한다면 상대방의 입장에서 먼저 들어야 한다. 불만고객 응대 과정에서 잘 들어주는 것만으로도 좋은 대화가 된다. 때로는 어려운 일도 의외로 쉽게 풀릴 수 있다.

불만고객과 마주할 때 직원도 자신을 항변하고 싶어 답답하고 억울한 마음이 들 것이다. 그렇더라도 불만고객의 의견을 진지하게 들어주고 불만을 처리하려는 노력이 있을 때 고객의 마음이 열리고 화도 가라앉는다. 불만고객은 자신이 무엇 때문에 화가 났는지에 대해서 말하고 싶기 때문에 자신의 말을 잘 들어 주는 직원을 특히 더 선호한다. 고객이 처한 입장을 다 듣기도 전에 직원 본인의 말만 늘어놓으면 독선적인 태도로 비쳐져서 불만을 더욱 증폭시킬 뿐이다. 불만고객 응대 2단계는 자신의 입장보다는 상대방의 상황에 집중하여 먼저 듣고 고객의 요구를 파악하고 배려하는 대화 태도, 즉 공감과 경청의 자세이다.

:::

고객사와 일을 하는 과정에서 오해가 생겼다. 오해로 인한 고객사의 불만을 해소하기 위해 직접 만나야 했고 만나는 순간에는 하고 싶은 말이 많았으나 일단 고객사의 입장을 진지하게 들어 주었다. 집중하여 듣다 보니 오해했던 원인을 분명하게 알 수 있어서 불만을 해결하는 데 도움이 되었다. 고객사에서는 '강희선 원장과는 말이 잘 통하는 것 같다'고 말해 생각보다 일을 원만하고 빠르게 처리할 수 있었다. 그저 고객의 이야기에 맞장구를 치고 잘 듣고 있다는 반응을 보였을 뿐, 특별한 말 한마디 하지 않았는데도 그랬다.

경청을 한자로 표기하면 '傾聽'이다. 그 중 '들을 청(聽)'은 '임금(王)의 귀(耳)가 되어 진지한 눈(目)으로 14번(十四)을 한마음으로(一心) 잘 듣는 것'으로 해석이 가능하다. 즉, 고객의 말을 경청하는 자세는 매우 좋을 수밖에 없는 고객 응대.

위 사례에서 알 수 있듯 고객은 자신의 말을 잘 들어 주는 모습에 안정감과 신뢰를 느낀다. 상대방의 말을 들을 때 나와 생각이 다르다고 판단이 되면 도중에 끼어들어 내 주장을 하고 싶은 충동을 느낄 수 있겠지만 이는 상당히 위험한 일이다. 고객은 아직 할 말이 많이 남아 있고 그것을 끝까지 마치고 싶어 하지 직원의 말을 듣고 싶은 것이 아니기 때문이다.

고객이 흥분한 상황에서는 보통 이성보다 감정이 앞서게 되므로 차근차근 말을 전달하기 어렵다. 고객의 마음속에서는 직원이 자신의 불만을 어떻게 해결해 줄지에 대한 의문과 두려움이 함께 존재하기 때문에 말을 하는 내내 직원을 살펴야 하는 고객도 불편한 것은 마찬가지이다. 응대할 때 직원은 회사의 입장만 생각해서 대변하는 경우가 많다. 이런 태도는 불만 고객을 오히려 화나게 만들어 불만이 사라지는 데 도움을 주지 않는다. 공감 받지 못한 어느 고객의 이야기를 살펴보면서 공감의 중요성을 파악해보자.

어느 날, 친구가 자동차를 구입한 뒤 전화를 걸어왔다. 자동차를 구입한 지 얼마 되지 않아 며칠 후에 해당 상품의 프로모션을 진행하더라는 것이다. 프로모션 기간에 사면 200만 원 상당의 혜택을 볼 수 있는 조건이었다. 며칠 차이로 정가에 차를 구매한 친구는 당연히 억울할 수밖에 없었다. 더 화가 난 것은 그 회사의 직원 때문이었는데, 전화를 받은 직원의 태도가 고객을 진심으로 대하고 있지 않았다고 했다. 그래서 바로 다음날 대리점을 찾아가 따져 물었다. '회사에서 프로모션을 하는 사실을 알고 있었을 텐데 고객에게 언질을 해줄 수도 있지 않느냐?', '속은 기분이다. 고객을 기만하는 거 아닌가?', '초일류 기업이라고 광고만 번쩍번쩍 하면서, 정말 고객을 위하지 않는다.' …… 전화를 받았다던 그 직원은 실제 대면했을 때도 고객의 말을 중간에 계속 자르고 자신의 할 말만 했다고 한다. '당시 판매사원은 이미 사표를 냈다. 그래서 저희는 자세한 내막을 모른다. 본사 측에서 프로모션을 미리 알려주지 않았다. 정말이다!'라고 하며 고객의 기분을 헤아려주기보다 핑계만 댔다고 한다. 친구는 이런 태도에 더 화가 나 결국 소비자 보호원에 고발을 하겠다고 하며 대리점을 나왔다.

공감과 경청하는 방법

✅ 귀로 들어라

고객은 자신의 억울함을 말하면서 서서히 화가 풀리기 시작한다. 그리고 직원은 경청하는 동안 해결책을 모색할 수 있다. 듣지 않는 것은 환자를 진단하기도 전에 처방전이 미리 나오는 것과 같다. 불만고객이 어떤 문제로 화가 나 있는지 정확히 알기 위해서는 먼저 들어야 한다.

✅ 눈으로 들어라

예를 들어 관공서에 방문해서 창구 직원에게 서류 제출 장소를 물어 보았다고 가정해보자. 직원이 바라보지도 않고 '끝으로 가서 통에 넣으세요'라고만 한다면 어떤 기분일까? 머쓱하지 않을까? 고객의 물음에 대답했는데 쳐다보지 않는 것이 대수냐고 반문을 할 수도 있다.

그러나 바라보지 않는 것도 '무시(無視)'이다. 특히 불만고객이라면 자신에게 집중하지 않는 직원의 태도만으로도 더욱 불쾌감을 느끼기 때문에 눈 맞춤이 중요하다. 바라보기만 해도 '고객의 말에 집중하겠다'는 성의 있는 태도가 되는 것이다. 대화할 때 시선은 눈을 중심으로 입과 어깨 정도의 라인까지로 잡으면서 시선의 범위를 천천히 옮기며 이야기를 나누면 자연스럽다.

✅ 몸으로 들어라

듣기의 중요성을 강조하는 대화법 중 '대화 1·2·3 기법'이 있다. '1분 간 말을 하면 2분을 들어 주고 3번은 맞장구를 쳐야 한다'는 대화의 경청기법이다. 말하기보다 듣기의 중요성을 강조하며 듣기만 하면 되는 것이 아니라 상대방에게 반응을 보여 줘야 한다는 것이다. 적절한 타이밍에 맞춘 턱의 움직임, 동작 등은 고객에게 집중하고 지지하겠다는 의미의 표현으로 충분하다.

① 얼굴로 하는 맞장구: 상대방이 슬픈 얘기를 하면 슬픈 얼굴을, 기쁜 얘기를 하면 웃으면서 즐겁게 들어야 한다. 불만고객은 화가 나고 심각한 상황이므로 진지한 표정으로 듣는 것이 좋다.

② 턱으로 하는 맞장구: 말의 내용에 맞게 적절한 타이밍에 턱을 끄덕인다. 잘 듣고 있다는 표시로 좋다.

③ 동작으로 하는 맞장구: 상대방을 지지하는 동작이나 박수, 하이파이브 등과 같은 동작으로 분위기를 맞추면서 맞장구를 친다.

✅ 마음으로 들어라

마음을 듣는 직원과 고객의 말소리만 듣는 직원의 응대 태도는 사뭇 다르다. 만약 어제 정장을 구입한 고객이 다음 날 매장을 찾아 와서 "어제 제가 구입한 정장을 집에 가서 다시 확인해 보니 사이즈가 맞지 않던데 어떻게 된 건가요?"라고 할 때, 공감을 못하는 직원은 "확인하고 다른 사이즈로 바꿔드리겠습니다"라고 딱딱하게 대답할 것이다. 하지만 고객의 입장을 공감하는 직원은 "죄송합니다. 제가 사이즈를 확인할 때 실수를 했나 봅니다. 다시 매장에 나오시는 게 많이 불편하셨죠?"라고 고객이 번거롭게 매장을 다시 온 상황에 초점을 맞춰 말할 것이다. 불만고객은 자신의 마음을 알아 달라는 강한 욕구가 있다. 그리고 자신의 입장을 진심으로 이해해주는 직원을 만나면 인정받았다는 생각에 함부로 행동하지 않는다. 직원은 고객의 의도를 파악하며 이해하고 있음을 표현해야 한다.

3단계: 상황조사

불만고객 응대 3단계는 '상황조사'이다. 자기감정을 다스리고 고객의 불만을 공감하고 경청했다면 이번에는 상대방의 불만을 좀 더 자세하게 조사하고 부족한 부분을 정확하게 파악해보자. 적절한 질문으로 고객의 상황에 더 깊이 들어가야 한다. 고객의 불만을 듣기만 하고 그 정보만으로 해결책을 찾으려 하면 어렵기 때문이다.

직원이 고객의 불만을 잘 들어주었다면 고객은 직원에게 신뢰를 느낄 것이다. 이때 고객은 마음이 가라앉아 자기감정을 조절할 수 있어 이성적으로 판단이 가능하다. 부드러운 분위기로 전환이 되었다면 이제 직원은 문제 해결의 실마리를 위해 본격적으로 상황에 대한 진상 조사를 한다. 물론 고객의 불만 내용에 맞는 적절한 질문과 대화로 풀어나가며 점차적으로 해결에 접근하면 된다.

• 고객의 상황을 탐색하기

고객의 니즈를 이끌어 내기 위해서는 닫힌 질문과 열린 질문을 적절히 안배해서 하도록 한다. 그리하여 불만의 핵심적인 내용을 파악해야 한다. 여기서 주의할 것은 '취조형 질문'이나 '반 토막 질문'을 하지 말아야 한다는 점이다. 고객을 문책하거나 유도신문하듯 질문하는 것은 고객 입장에서 자존심이 상할 수 있으며 다시 화를 불러일으킬 수 있다. 예를 들어, "그때 그러셨죠? 시간이 없으니까 간단하게 대답만 해주실래요?"처럼 고압적인 태도나 "그래서요?", "언제요?"와 같이 반말과 존댓말 사이를 오가는 반 토막 질문은 무성의하고 무례해 보인다.

뿐만 아니라 그런 질문을 자주 하게 되면 직원이 고객을 의심하는 것 같은 뉘앙스로 비춰진다. 고객과 싸우는 게 아니라 원만한 관계를 유지하는 것이 직원 그리고 기업의 목적이다.

또한 답변을 재촉하지 않도록 한다. 직원에게는 일상적이고 반복적인 일로 입장을 표현하기 때문에 대화가 쉽겠지만 고객의 불만은 '일회적이고 최초로 경험'하는 일이다. 따라서 고객의 표현이 다소 어색한 것은 당연하다. 여기까지 미처 파악하지 못하는 직원은 고객의 불만 내용보다 표현 방법에 지적을 하는 경향이 있는데 필히 경계해야 한다. 고객이 말하는 방식이 다소 서투르고 답답해 보일지라도 불만에 관한 원인과 내용에 집중하도록 한다. 따발총 쏘듯이 물어 보면 재촉한다는 인상을 주어서 고객의 일을 가볍게 여기고 빨리 처리해 버리려는 태도로 오해받을 수 있으니 고객을 성급하게 몰아세우기보다는 인내심을 가지고 대화를 하면서 고객의 답변을 유도해야 한다.

닫힌 질문과 열린 질문의 예

✔ 닫힌 질문

고객님은 현재 제품에 대한 불만을 느끼십니까?' 이런 질문은 '예'와 '아니오'로만 대답할 수 있다. 이처럼 "예, 아니오"의 대답 하나만을 들을 수 있는 질문을 '닫힌 질문'이라고 한다. 이때 고객의 대답으로 불만에 대한 경험 유무는 알 수 있지만 불만의 원인이나 불만 발생 시기 등과 같은 상세한 내용에 대해서는 알 수 없다.

✔ 열린 질문

만약에 '고객님이 현재 사용중인 제품에 어떤 불만을 느끼고 계신가요?'와 같이 질문을 한다면 '예'와 '아니오'로 답변할 수는 없다. 자신이 느낀 감정, 그에 따른 불만을 상세히 답변할 수 있는 이런 형태의 질문을 '열린 질문'이라고 한다. '누가, 언제, 어디서, 무엇을, 어떻게, 왜' 육하원칙을 넣어 그 당시 감정을 고객이 스스로 정리를 해 볼 수 있게 질문한다. 닫힌 질문을 하면 한 가지 대답만 얻을 수 있는 반면 열린 질문은 고객의 감정과 여러 정보를 얻을 수 있는 특징이 있다.

열린 질문은 좋은 것이고 닫힌 질문은 나쁘다는 것은 아니며 상황이나 목적에 따라 두 유형의 질문을 적절히 사용하되 고객의 입장을 더 깊이 듣고 싶다면 열린 질문을 하는 것이 좋다. 짧은 답변으로 끝날 수 있는 것도 어떤 질문을 했느냐에 따라 깊이 있는 대답을 이끌어내어 고객의 입장과 성향을 알 수 있다.

4단계: 신속한 문제 해결

　불만고객 응대 4단계는 '신속한 문제 해결'이다. 고객의 문제에 신속하게 접근하고 반응하는 것이다. 고객은 자신이 불만을 제기하면 가급적 빠른 시일 내에 해결되기를 바라며 늦어지면 늦어질수록 자신의 불만이 방치된 것에 대한 불만이 쌓인다. 그렇기 때문에 고객의 불만이 신속하게 해결되도록 기업은 신속하고도 전략적으로 움직여야 한다.

　교보생명은 고객의 불만을 직접 찾아가서 해결해주는 '고객서비스 보호 제도'와 고객의 불만이나 소리를 체계적으로 관리, 해결하기 위한 지원통합시스템으로 '소릿귀 시스템'을 운영한다. 고객의 소리가 접수되면 주요사항은 즉시 CCO(Chief Consumer Officer)에게 보고하여 신속한 대책마련을 위한 고객의 소리 핫라인(VOC Hot-line)을 가동한다. 이는 해당 부서에 즉각적으로 고객의 소리 내용을 전달하여 초기 단계에서 신속하게 응대할 수 있게 도움을 준다.

　고객은 자신의 문제가 언제쯤 해결될 수 있을지 궁금해 한다. 만약 고객의 문제를 바로 해결하기 어렵다면 마냥 기다리게 만들 것이 아니라 기업이 고객을 위해 지속적으로 노력하고 있음을 중간중간 알려야 한다. 그러면 고객은 안심하고 기다릴 수 있게 된다. 기업에서 고객의 소리 통합 관리 시스템을 운영하는 이유도 바로 거기에 있다. 고객의 불만을 효율적으로 해결하고 체계적으로 관리하며 고객이 접수한 민원 처리가 지체될 경우 담당자에게 경고메시지를 발송하여 즉각적인 피드백이 가능하도록 하는 것이다.

　기업이 잘못을 인정하고 문제를 신속하게 해결하는 것이

말처럼 쉬운 일은 아니다. 하지만 실수를 그대로 둔 채 고객을 기만하여 더 큰 피해를 입지 않도록 해야 한다. 기업이 잘못을 깨닫고도 발 빠르게 후속 조치를 취하지 않았을 경우 소비자 사이에서 일이 더 커져 대단한 손해를 감수해야만 하는 경우도 있다.

::

88년의 역사를 가진 일본의 한 자동차 회사에서 차량 결함을 숨기려다 발각되어 위기 상황에 직면했다. 1992년 이후에 생산된 자동차 중 주력하는 17종에서 구조적인 결함이 있다는 사실을 알고 있으면서도 고객이 모르게 하려고 차량을 정기점검할 때 끼워 넣기 식 수리를 지시한 일이 세상에 알려졌다. 뒤늦게 알게 된 소비자들은 믿었던 자동차 회사에 배신감을 느꼈다. 현장에서 늦게 처리를 하다가 경영진까지 보고하는 데 걸리는 시간마저도 오래 걸려 소비자의 분노가 더 쌓이게 되면서 결국 고객을 기만한 기업의 방만한 대처에 비난이 쇄도했다. 그 결과 리콜과 보상 금액, 해당 회사의 이미지 추락과 매출하락으로 이어졌고 '눈 가리고 아웅' 하는 정책으로 고객을 기만한 기업이라는 오명을 쓰게 됐다.

::

국내의 한 자동차 대리점에서 2억 원이 넘는 고가의 차량을 구입한 고객이 운행 중 시동이 갑자기 꺼지는 현상이 생긴다며 차량에 대한 문제점을 제기했다. 자동차 수리 서비스만 여섯 차례를 받으면서도 해결은 되지 않았고 6개월 동안 회사와도 순조롭게 대화가 진행되지 않았다. 그 과정에서 고객이 회사로부터 업무방해혐의로 고소당하기도 했다. 나중에 취하는 되었지만 이런저런 이유로 분노한 고객은 더 이상 안전을 위협받을 수 없다면서 골프채로 차량을 파손했고 이 사실이 세상에 알려지면서 순식간에 여론이 들끓었다. '그렇다고 차량을 부수느냐?'는 일부 의견도 있었지만 여론은 '얼마나 화가 났으면 그런 행동을 하겠는가?', '도저히 참을 수 없는 일이 있겠지'라는 의견이었다. 차량이 파손된 지 일주일 후 훼손된 차와 신차를 바꿔 주는 조건으로 회사와 고객이 합의를 하여 일이 마무리되었다.

고가 제품을 판매하는 업체를 대상으로 교육을 할 때 직원들이 가장 어려워하는 부분 중 하나가 고객이 구입한 상품에 대한 교환이나 환불이다. 가격이 저렴하면 즉각적으로 고객이 원하는 방향에 맞춰 처리하는 일이 어렵지 않다. 만약 교환, 환불이 되지 않는다 해도 가격이 저렴하기 때문에 고객이 상황을 감수하고 그냥 넘어가는 경우도 많다. 하지만 고가의 상품일수록 제품에 대한 기대치가 상승하게 되어 고객이 구입한 제품에서 결함이 발견했을 때, 기업의 대처가 방만하다면 고객의 불만은 분노로 바뀔 수밖에 없다. 기업 입장에서는 고가의 상품을 즉각적으로 보상해주는 것이 결코 쉬운 일은 아니지만 아무런 안내나 예고도 하지 않고 고객을 오래 기다리게 만든다면 병을 더 키우는 셈이 된다.

::

어느 고객이 국내 한 전자 업체에서 구매한 양문형 냉장고가 폭발해 다용도실 미닫이 유리문과 창문이 깨지는 피해가 발생했다. 일이 발생한 직후, 신속히 대처하지 못한 기업은 여론의 뭇매를 맞았다. 그러다 영국과 남아프리카공화국에서도 같은 폭발사고가 일어난 사실이 뒤늦게 밝혀졌고 사건이 발생한 지 3주가 지난 시점에서야 리콜을 실시했다. 국내는 물론 해외에서 동일한 제품을 구입한 고객에게 적극적이고 열정적인 사후 서비스를 통해 기업 이미지는 바로 회복되었다.

비록 일이 잘 마무리되었지만 처리가 늦은 것에 대해 다소 아쉬움으로 남는다. 회사 측의 보상비용이 많더라도 고객의 건강과 안전을 먼저 생각하는 기업 이미지를 전달했더라면 더 좋았을 것이다.

☀ tip

문제 발생 시 원만하게 해결하기

✓ 중간 예고
문제를 해결하는 데 시간이 소요되고 고객이 기다려야 하는 상황이 발생한다면 양해를 구하면서 고객이 납득할 만한 이유를 설명한다. 그리고 담당 직원의 연락처와 예상 처리 시간을 그때그때 안내한다. 만약 직원 본인이 문제를 해결할 수 있는 권한을 가지고 있지 않아서 곧바로 응답을 줄 수 없다면 권한 책임자에게 보고하고 고객에게 처리 일자를 안내한다. 고객이 다시 찾아 올 것인가, 그렇지 않을 것인가는 직원의 빠른 답변과 정성 어린 해결책에 달려 있으며 고객이 떠나는 것은 곧 회사의 경쟁력이 사라짐을 의미한다. 고객이 왜 화를 내고 있는지 원인을 알게 되었다면 신속하게 움직여야 한다.

✓ 과정과 결과의 중요성
고객의 불평은 제품과 서비스의 질을 높이는 데 절대적인 요소로 작용한다. 기업에 따라서는 고객의 불평불만의 의견에 밀착하여 경청함으로써 고객의 아이디어를 참신한 기업 상품으로 변신을 꾀하기도 한다. 한 제약회사의 경우, 고객이 알약 포장의 절개가 어렵다는 의견을 보내왔고 이를 적극 수렴하여 절개가 용이한 형태로 포장을 변경하여 개선했다. 또 약의 설명서가 어렵다는 제보가 들어와 회사는 그림을 넣어 쉽게 설명함으로써 고객의 문제를 해결해주었다. 이와 같이 불만 사안이 바로 개선되었다는 사실을 고객에게 알려줌으로써 기업·고객 상호간 파트너십을 이루고 있다. 미국의 TARP 조사에서도 자신의 불만을 신속하게 해결해주면 해당 기업 및 제품을 신뢰하게 되므로 재구매율이 95%까지 올라가는 것을 보여준다. 실제로 불만을 제기했던 고객은 신속하게 해결만 된다면 기업과 다시 거래하는 데 주저함이 없으며 좋은 관계를 유지한다.

5단계: 적절한 보상

'비 온 뒤에 땅이 굳는다'는 속담이 있다. 고객의 불만도 마찬가지이다. 이미 엎질러진 물이라고 포기하기보다는 불만이 발생했을 때 적절한 보상이 주어진다면 그것이 매우 강력한 효과를 발휘하여 고객과의 관계를 발전시킬 수 있다. 보상 액수가 크지 않다면 어떤 직원이라도 즉각적으로 해결할 수 있도록 권한을 심어주면 고객만족도가 높아진다.

불만고객 응대 5단계는 '적절한 보상'이다. '보상'은 기업의 실수를 만회하고 고객에게 죄송한 마음을 어필하여 관계를 회복하는 방법이다. 크게 심리적인 보상과 물질적인 보상으로 나눌 수 있는데 자칫 물질적 보상만 떠올려서 심리적인 보상을 소홀히 했을 경우 더 큰 불만을 불러올 수 있으니 유의해야 한다. 예를 들어 기업 측에서 '이 정도 금액으로 보상하면 되는 거 아니냐'는 식의 태도로 나온다면 무례하게만 느껴진다. 고객은 여전히 마음이 풀리지 않았는데 위로나 사과하는 말 한 마디 없이 무조건 교환, 환불, 상품권 등과 같은 물품을 제공하려고 한다면 진정성이 떨어지는 행동으로 느껴져서 기업으로부터 무시당하는 느낌을 받을 수 있다. 보상에도 순서가 있다.

::

패밀리 레스토랑을 방문했을 때 일이다. 자리에 앉는 순간 의자가 젖은 사실을 알고 의자를 바꿔 달라고 말했다. 아마도 앞서 이용했던 다른 고객이 의자에 물을 흘린 것이 분명했다. 직원의 실수는 아니었지만, "고객님, 옷은 괜찮으세요? 정말 죄송합니다. 많이 놀라셨을 텐데 저희가 샐러드를 서비스로 드리겠습니다"라고 말하며 무료로 샐러드를 제공해주었다. 식사를 마치고 계산을 하는 과정에서도 재차 사과를 하면서 샐러드바 무료 쿠폰을 지급했다. 다른 고객의 실수로 일어난 일이지만 직원은 진심 어린 태도로 사과를 하며 보상까지 해줌으로써 고객과 직원의 관계가 발전될 수 있도록 했다.

::

    서울의 한 특급호텔 직원을 대상으로 강의를 한 적이 있었다. 투숙객이 객실의 안전금고(Safety Box)가 고장 나서 데스크에 연락을 했지만 전화기 또한 제대로 작동되지 않아 여러 가지로 불편하다며 클레임을 제기했다. 시설부 직원이 고쳐 주기로 했지만, 고객은 자신이 체크인 전에 객실을 완벽하게 확인하지 않은 것과 그로 인해서 이틀 동안 편한 휴식을 취할 수 없다고 주장하면서 이는 당연히 호텔의 실수임을 크게 지적하고 불평하였다. 고객은 이에 대한 보상으로 호텔 식사이용권을 요구하였다. 호텔은 고객의 입장을 충분히 공감한다고 표했으며 지배인이 고객에게 즉각적으로 사과를 하였고 그에 관한 보상으로 식사 50% 할인 이용권과 고객의 방을 업그레이드하여 바꿔 주었다. 고객은 호텔 측이 자신의 불만을 수용하고 적절한 보상을 해준 결과에 만족해 하였다.

☼ tip

보상하는 방법

먼저 고객에게 진심으로 사과의 마음을 전달하여 고객의 마음을 풀어 준다. 심리적 보상을 먼저하고 나중에 물질적 보상을 제안하는 것이 좋다. 고객이 화를 낸다면 "죄송합니다. 저라도 화가 정말 많이 났을 겁니다(심리적 보상). 빨리 조치를 취하겠습니다(조치 시행 및 물질적 보상)"라고 말하는 것이 고객을 배려하는 인상을 준다.

✔ 심리적 보상
정신적 보상. 위로, 격려, 공감, 사과 등으로 고객의 마음을 달래는 보상. "많이 불편하셨을 텐데 이해해주셔서 고맙습니다", "고객님 덕분에 많은 정보를 알고 저희가 도움을 받게 되었습니다"와 같이 고객에게 정성을 다한다.

✔ 물질적 보상
교환이나 환불, 상품권 등과 같은 물질적인 혜택을 주어 고객을 만족시키는 보상. 상황에 따라서 큰 액수로 보상을 해야 하는 경우도 있지만 보상 제도를 악용하는 고객에게까지 큰 보상을 하면서 끌려 다닐 필요는 없으며 적절한 선에서 합의를 본다. 물질적인 보상을 하는 과정에서 언성을 높이며 어쩔 수 없이 해 준다는 식의 합의로 결론을 짓는 경우가 있는데 억지스러운 태도를 보이면 고객의 신뢰를 잃는다. 비용은 비용대로 들어가고 결과적으로는 고객을 잃는 셈이 된다.

6단계: 긍정적 마무리

　　불만고객 응대 6단계는 '긍정적 마무리'이다. 누군가와 기분 좋게 전화 통화를 하다가 끊는 시점에서 인사가 끝나자마자 상대방이 먼저 거칠게 끊으면 왠지 기분이 찜찜하다. 통화하는 내내 좋았던 기분이 마지막에 수화기를 '툭' 하고 끊어버리는 소리 때문에 불쾌해지는 것이다. 가식적이고 무성의한 느낌으로 받아들여져서 '내 통화가 끝나기를 기다린 것인가?'라는 생각이 들게 된다. 처음이 좋으면 마지막도 좋아야 한다. 마무리 단계에서 성급하게 마무리하려고 한다거나 흐지부지한 인상을 준다면 초반에 아무리 잘했어도 최종적으로는 이미지가 좋을 수 없다.

　　고객의 불만 처리 과정도 마찬가지이다. 마지막까지 고객과의 좋은 관계를 위해 정성을 다하여 긍정적으로 마무리 할 수 있도록 끝까지 힘써야 한다. 불만고객에 대한 응대의 마무리 단계에서 보상을 해주면 끝이라는 생각으로 '이제 다 됐으니 가 보세요'와 같이 사무적인 인상으로 고객을 보낸다거나 고객에게 어쩔 수 없이 해 준다는 인상을 주는 직원들이 있다. 이는 보상비용만 날린 셈이다. 그런 응대에 고객은 다시 불쾌감을 느끼고 또 실망을 느끼게 되어 보상은 받았어도 그 기업으로 다시 돌아가지 않는다.

::

　　경기도 모 골프장에서 있었던 일이다. 한 회원이 기분 좋게 골프를 치고 집으로 돌아갔다. 골프장에 다녀오고 나서 며칠이 지난 후, 고객은 골프채 하나가 없어진 것을 발견하게 된다. 그

고객 만족의 정석

168

리고 그 즉시 골프장에 전화를 걸었다.

"여보세요? 제가 며칠 전 거기서 골프를 치고 왔는데 골프채 정리를 하다 보니까 채가 하나 없어졌어요. 어떻게 하실 건가요?"라고 다짜고짜 따져 물었다.

갑자기 화를 내는 고객에게 당황한 상담원은 "고객님 죄송합니다만 골프채 분실을 했다는 말씀이신가요?"라며 물어보았고, 그러자 고객은 "그럼 잃어버린 거지, 뭐겠어요? 거기서 잃어버린 거니까 책임지세요"라고 했다. 직원은 "고객님이 말씀하신 담당 팀은 경기진행 팀입니다. 해당 팀과 연락 후 전화를 드리겠습니다"라고 하여 급하게 전화를 끊었다. 담당 팀은 불만고객의 정보와 메모를 전달받았고 팀장이 직접 고객에게 전화를 걸어서 문제를 해결하고자 했다. 고객은 이유가 어찌 되었건 간에 그 골프장에서 마지막으로 골프를 쳤기 때문에 직원들이 똑바로 체크를 하지 않아 생긴 일이고 또한 직원교육을 제대로 시켜야 한다며 책임을 추궁했다. 골프장에서는 조금 억울하기도 했지만 회원과의 관계 유지와 서비스 정신에 입각해서 골프채를 보내주기로 합의를 하여 통화를 마쳤다.

그 일이 생긴 후 다시 골프장을 찾은 회원과 만나게 된 팀장은 "안녕하세요, 고객님. 그때 저희가 보내드린 골프채는 잘 받으셨습니까?"라고 물었다. 고객은 당연히 잘 받았다고 말하며 걸어가는데 이때 대화를 마무리하고 끝냈으면 좋았으련만……. 팀장은 직원을 밑도 끝도 없이 의심했던 고객을 보니 순간 화가 났던지, "고객님 말씀으로는 골프채를 저희 직원들이 가져갔다고 생각하시는 것 같은데 저는 사실 납득이 되지 않습니다. 혹시 지금도 의심하고 계신가요? 만약 그러시다면 저희 도우미 없이 경기를 진행하셔도 됩니다"라고 말했다.

이런 말을 들었을 때 '나는 골프채로 보상은 받았으니 참자, 괜찮아'라고 마음을 다스릴 고객이 있을까? 당연히 그렇지 않을 것이다. 그 고객은 처음보다 더 격해진 감정의 상태로 더욱 흥분을 하면서 화를 냈다.

자신의 직원을 도둑처럼 몰아 부친 고객을 미워하는 기분을 모르는 바는 아니다. 하지만 고객이 '골프채를 잘 받았다'라고 했을 때 거기서 끝났어야 할 일이다. 직원을 믿어 주지 않는 고객이 야속하고 마음속으로는 분하고 억울했겠지만 골프채를 보내 주기로 고객과 합의가 끝난 상황이기 때문이다. 다음 페이지에서 긍정적으로 마무리하기를 확인해보자.

☼ tip

긍정적으로 마무리하기

✔ 합의가 끝난 후에는 다 털어낸다

불만고객을 처리하는 과정에서 직원이 보여준 마지막 행동과 말이 불량하다면 좋게 마무리를 하려던 고객들 역시 다시 처음과 같이 격앙된 감정의 상태로 돌아간다. 잘못된 서비스로 고객에게 상처를 남겨 악덕 기업이라는 소문이 나지 않도록 해야 하며 고객이 언젠가는 다시 찾아올 수 있다는 여지를 항상 염두에 두어야 한다. 그렇다면 앞의 골프장 사례에서는 고객이 재방문했을 시 어떻게 응대해야 할까? 고객의 의견을 긍정적으로 수용하여 개선하겠다는 약속으로 "고객님, 골프채를 잘 받으셨다니 다행입니다. 지적해주신 덕분에 저희가 다른 고객님들의 골프채까지 더 소중히 다루고 점검을 철저히 하게 되었습니다"라고 응대한다면 고객은 직원과 동질감을 느끼게 되어 관계가 더욱 돈독해질 것이다.

✔ 편안하게 말하도록 요구하라

"고객님, 문제가 잘 해결되어 기쁩니다."
"다시는 이런 일이 없도록 노력하겠습니다."
"앞으로도 불편한 점이 있으면 언제든지 알려 주시면 감사하겠습니다."
고객은 자신의 불만이 정당하고 합리적인 것이라고 느끼기 때문에 자신을 억지스럽고 고집스런 사람이라고 모는 느낌이 든다거나 기업이 어쩔 수 없이 해준다는 기업의 태도에 모멸감을 느낄 수 있다. 이왕 해주기로 마음을 먹었다면 불필요한 말없이 끝까지 좋은 모습을 보인다. 고객의 불만을 빠르게 접수하고 해결한다고 해도 긍정적인 마무리 기술이 부족하다면 용두사미의 결과를 낳을 뿐이다.

4장 기업과 고객의 연결고리, 직원

기업의 첫 번째 고객은 직원입니다.
4장은 직원의 역할과 악성고객에
따른 고충에 대해 상세히 알아보고
직원이 보다 즐거운 직장 생활을
할 수 있도록 도움을 주는 정보를
담았습니다. 악성고객과 이별하기,
감정노동자의 이해, 기업의 직원
사랑에 대해 알아봅니다.

꼼수를 부리는 고객은 경계하라

'고객은 왕'이라는 말을 모두들 들어보셨을 겁니다. 현대
경영학의 창시자 피터 드러커가 남긴 명언이죠. 비용을
지불하고 이에 맞는 서비스를 제공하는 행위에 설득력을 높이기
위해 많이 통용되는 말인데요, 어찌된 일인지 점차 의미가
희석되고 있습니다. 모든 고객이 왕처럼 자비롭고 인자하지는
않기 때문입니다. 시작은 좋은 뜻이었지만, 이 말을 악용하여
직원과 기업에 피해를 입히는 고객이 늘고 있습니다. 직원의
입장에서 고객에게 성심성의껏 서비스를 하는 것은 당연하지만,
상황에 따라서 당근보다 채찍이 필요한 고객도 있습니다. 바로
악성고객입니다. 정해진 기준보다 지나치게 과한 요구를 하는
고객, 사소한 일에 분노하는 고객, 욕설을 퍼붓고 화를 내서
무서운 분위기로 조성하는 고객, 기물을 파손하는 고객 등 이와
같은 부류의 고객은 통상적으로 고객이라 하기는 어렵습니다.
예전에는 고객이 과한 행동을 해도 웬만하면 친절하게 응대하는
것이 당연한 분위기였지만 이제는 악성고객에게 직원이 더 이상
끌려 다니지 않도록 보호하는 분위기로 바뀌고 있습니다.

가족들과 밤늦게 영화관을 간 적이 있었습니다. 무더운
여름밤에 피서지가 된 것처럼 영화관이 사람들로 꽉 차
있었습니다. 저희 가족은 표를 예매했지만, 표 창구 직원에게
문의할 사항이 있어서 대기표를 뽑아 순서를 기다렸습니다.
한참이 지나도록 대기 순서가 바뀌지 않아 무슨 일이 있는
건가 싶어 창구로 갔더니 고객과 직원 사이에서 언성이 오가는

174

모습이 보였습니다. 고객이 일방적으로 직원을 몰아 부치면서
무언가를 강하게 요구하고 있었는데, 유심히 들어보니 상영
시작 시간이 지난 후에 영화관에 도착한 고객이 전액 환불을
해달라는 것이었습니다. 정중한 태도로 영화관의 규정을
설명하려는 직원의 말을 자르면서 소리를 지르고 있었던 겁니다.
영화관이 떠나갈 정도로 소리를 지르며 다른 고객들의 순서에도
아랑곳하지 않는 모습에 직원은 점점 표정이 울상이 되어 어쩔
줄 몰라 했습니다.

이와 같은 사례에서 볼 수 있듯이 자신이 실수를 했으면서도
단지 고객이라는 이유로 애먼 직원을 못살게 굴고 영업에 피해를
주는 고객이 있습니다. 같은 고객의 입장에서 바라봐도 눈살이
찌푸려지는 악성고객입니다. 아마도 영화관 직원은 악성고객을
응대하느라 그날 하루가 무척 힘이 들었을 것입니다. 그리고
자신의 직업, 악성고객에게서 자신을 보호해주지 못하는
회사를 다시 한 번 심사숙고했을지도 모릅니다. 악성고객으로
인해 시간과 에너지를 낭비하면 다른 고객들이 덩달아 피해를
입습니다. 더 좋은 고객서비스와 기업 이미지를 위해 기업
차원에서 정책을 마련하고 근무환경을 개선해야 합니다.
다행스러운 것은 요즘에는 외부고객도 소중하지만 그 이상으로
내부 직원을 보호하고 자존감을 높여 주어야 한다며 목소리를
높이는 기업이 많아졌습니다. 직원을 먼저 배려하고 보호하는
분위기가 조성되면 직원은 즐거운 일터, 안정된 근무환경에서
일하고 있다는 생각에 더욱 진심 어린 서비스를 할 수 있습니다.
누가 지시하지 않아도 자발적으로 하는 것입니다. 결국 이런
구조가 기업에게도 좋은 결과를 가져다 줄 수 있습니다.

1. 악성고객과 불만고객은 다르다

악성고객은 어떻게 판단해야 하나?

앞서 3장에서는 불만고객의 개념과 유형, 응대하는 방법에 대해서 알아보았다. 불만고객과 악성고객 두 유형의 개념에 대해서 혼동이 올 수도 있다. 직원들은 어떤 고객이 불만고객이고 어떤 고객이 악성고객인지 한눈에 구분하기가 어렵다고 한다. 명확한 구분을 위해 2013년 서울시에서는 악성민원 판단 기준을 정했다. 그 내용을 보면 반복적으로 폭언을 하는 것, 협박이나 시위, 고소 등을 수반하는 상습 민원인, 서비스 이용의 권리를 오남용하여 위법적 행위를 하는 민원인을 악성이라고 규정하였다.

그러나 정확한 기준 없이 자신의 개인적인 경험이나 판단, 선호도에 따라 즉흥적으로 고객을 하나의 범주로 분류하는 것은 위험한 일이다.

'저런 눈빛의 사람들 중에 악성민원인들이 많아.'

'저렇게 생긴 사람들이 주로 악성고객이야.'

'난 저런 사람들이 별로야.'

고객도 직원에게 괜찮은 사람으로 보이고 싶고 존중받고 싶은 심리가 있다. 그 어떤 고객도 본인이 직접 '진상'이라는 딱지를 붙이고 싶지는 않을 것이다. 말투나 눈빛, 옷차림 등의 개인의 선호도와 감정을 기준으로 하여 고객을 섣불리 판단한다면 실수를 초래하니 주의해야 한다. 이해를 돕기 위해서 하나의 상황을 예로 들어 보자. 다음은 상품을 구입한 후에 제품에 대한 하자를 발견했을 경우 불만고객과 악성고객의 반응이다.

불만고객

① 상품에 하자가 있다는 불만을 표현하고 그에 대한 해결책으로 교환이나 환불을 요청하여 일을 간단하게 마무리한다.

② 합리적이고 상식적으로 불만을 제시한다.

③ 기업에게 기회를 주고 발전과 성장에 도움을 주는 긍정적인 고객이다.

악성고객

① 트집을 잡아서 직원에게 정신적 모욕감을 주거나 수용하기 힘든 환불을 요구하고 업무에 방해를 주는 방식으로 기업의 이미지를 추락시킨다.

② 무례한 행동으로 다른 고객에게까지 부정적인 영향을 끼친다.

③ 기업의 상품과 서비스를 악용함으로써 기업에 손실을 입힌다.

악성고객을 떨쳐내기 위한 기업의 움직임

처음부터 악성고객을 구별해 내는 것은 쉽지 않다. 그렇기 때문에 모든 고객은 기업에게 도움을 주는 고마운 존재라고 인식하고 응대하도록 한다. 그러나 응대 도중 악성고객이라는 사실을 알았다면 '지속적인 관계를 위해서 참아야 한다'는 생각을 버려야 한다. 지금까지 많은 기업들은 그동안 쌓아 올린 회사 이미지를 생각해서 악성고객과 적당히 타협하였지만, 법적 절차를 진행하면서 강경하게 대응하는 전략을 서서히 펼치고 있다.

언젠가 은행에서 근무하는 친지가 악성고객에 대한 어려움을 토로한 적이 있다. 갈수록 수법이 교묘해지고 지능적이 되는가 하면 보상의 수준이 점점 커지며 주위를 아랑곳하지 않는 안하무인의 태도 등 악성고객의 유형이 점점 다양해진다는 것이다. 다른 업종에 비해서 악성고객이 많지 않을 것이라는 나의 예상과 달리 콜센터에서 근무하는 직원들은 특히 악성고객들에게 시달리는 경우가 많다는 것이다. 금융권 콜센터는 용역업체 비중이 높아서 악성고객이라고 할지라도 잘못된 점을 반박할 수도 없고 전화를 먼저 끊을 수도 없는 실정이다. 이를 악용해서 고객들이 직원을 괴롭힌다면 금융권도 악성고객에 대한 강경 대응책이 필요했을 것이다.

전국은행연합회에서는 악성고객이 점점 증가함에 따라서 직원들을 위한 악성고객 대응 지침을 만들어서 대응 요령을 구체적으로 제시했다. 직원이 악성고객으로 인해서 업무에 집중할 수 없고 고객에 끌려다니다 보면 제대로 서비스를 받아야할 다른 고객에게 서비스하기 어렵다. 이제는 악성고객으로 전화번호가 블랙리스트 등록이 되면 그 번호는 바로 전담 관리자에게 전달된다. 대기업이나 금융권과 같은 큰 조직에서는 시스템을 가동하고 악성고객을 대처할 수 있는 체계를 갖추면 큰 효과를 볼 수 있다. 하지만 소기업이나 자영업자의 경우는 체계적인 시스템이 없어서 어떻게 해야 할지 난감할 것이다. 아래의 사연을 살펴보자.

::

작은 음식점을 운영하는 한 사장은 이따금씩 방문하는 악성고객 때문에 고민이라고 했다. 하루는 어떤 손님이 음식에 머리카락이 들어갔다며 다른 테이블 손님들까지 식사를 할 수 없을 정도로 큰소리를 치며 욕설을 하더라는 것이다. 머리카락이 들어간 건 실수임을 인정하지만, 다른 손님들에게 피해를 주면서까지 욕설을 하고 식사비를 지불할 수 없다고 난동을 부리는 손님을 어떻게 응대해야 할지도 모르겠고 이런 수모를 당하면서 장사를 해야 하는지 회의감이 들었다고 한다. 결국엔 그 손님을 어르고 달래서 식사비의 50%만 받았다고 했다.

또 어떤 손님은 '오늘은 음식이 내 입맛에 별로 맞지 않다'며 식사비를 내지 않겠다고 큰목소리로 얘기했다고 한다. 옆 테이블에 들릴까봐 사장님은 연신 조마조마했고 외부에 알려지는 걸 원치 않아 내키지 않아도 고객이 원하는 방향으로 허락할 수밖에 없었다고 했다.

어떤 업종이든지 고의적으로 문제를 제기하여 부당한 이익을 취하는 고객이나 과다한 요구로 손해를 끼치는 고객들이 적지 않다. 악성고객은 물건의 교환·환불은 뒷전이고 정신적 보상으로 금전을 요구하거나 언론을 통해 피해 사실을 알린다는 협박을 한다. 상습적인 고객도 많아 사회적으로 파장을 일으키고 있다. 업체의 규모와 상관없이 악성고객이라고 판단되면 무조건 피하거나 수용만 할 것이 아니라 상황별로 대응책을 마련하여 시뮬레이션 학습을 해야 한다.

대한상공회의소가 국내 300개 기업을 대상으로 조사를 한 결과, 악성고객으로 인해 피해를 입은 업체는 전체의 87%로 매우 높게 나타났다. 기업에서는 악성고객과의 불미스러운 사례가 외부에 알려지는 것을 우려하여 손해를 감수해서라도 고객에게 끌려갔다. '그래도 고객이잖아'라는 방침은 결코 좋지 않다. 현장에서 고객과 직접 대면하는 직원이 일을 하는 데 있어 많은 애로사항이 생길 수 있으므로 어떤 고객을 만날지 모르는 상태에서도 편안하게 근무할 수 있는 환경을 마련해주어야 한다.

2. 악성고객과 이별하기

악성고객의 민원 대응으로 유명한 120 다산 콜센터에서는 직원들에게 서비스 교육을 실시해 악성민원에 따른 대응 단계를 익히게 하고 현장에서 당당하게 대처할 수 있도록 했다. 더불어 직원들의 정신적인 스트레스를 해소해주기 위한 상담 시스템과 환경을 마련했다. 이제는 악성고객에게 법적으로 대응할 수 있음을 고지할 수 있으며 실질적으로도 법적 절차를 밟을 수 있다.

롯데백화점의 경우, 기물을 파손하거나 직원에게 폭언과 성희롱 등 폭력 행위로 영업을 방해할 시 '과도성'과 '비윤리성'에 해당한다고 판단한다. 이러한 악성고객에게는 '진정'과 '중지 요청'을 하고, 감정노동에 지친 직원들을 위해 응대 가이드라인을 만들었다. 서비스업에 종사한다는 이유로 고객의 갑질을 참아야 했던 직원들을 위해 보호 차원의 매뉴얼을 만들었다는 것은 반가운 일이다.

직접 대면하여 폭언하는 고객

자신이 실수했어도 큰소리 치고 무차별적인 폭언을 하면서 직원의 자존심을 짓밟거나 친절하게 응대해야만 하는 직원의 입장을 악용하여 기준치를 벗어난 요구를 하거나 성적 수치심까지 주는 악성고객. 이 고객에게까지 서비스를 해야 한다면 직원은 자존감이 떨어지고 무엇을 위해 일하는지 의미가 사라질 것이다. 점점 가식적인 웃음과 기계적인 서비스를 하게 된다. 다음은 실제로 발생한 악성 민원을 재구성한 것이다. 여러분이 직원의 입장이라면 어떻게 할 것인가?

::

직원에게 모욕감을 주며 반말로 소리치며 협박하는 고객

상황 (1)

고객   야, 이 ***야, 국가 세금으로 월급 받는 **들이. 이런 것도 못 해주냐고! 국민에게 세금만 받아내고 너네 뭐하는 거냐? (삿대질을 하며) 이 자식들이…… 내가 지금 몇 시간 기다리고 있는 줄 알아? 일을 못하면 거기 앉아 있으면 안 되지. 너 이름이 뭐야?

직원 1   고객님, 차례대로 처리하고 있잖아요. 제가 어쨌다고 저한테 그러세요. 아이 진짜…… 에이, 씨…….

고객 이 자식들이…… 내가 지금 몇 시간 기다리고 있는 줄
알아? 일을 못하면 거기 앉아 있으면 안 되지. 너 이름
이 뭐야?

직원 2 고객님 죄송합니다. 특히 오늘은 연휴가 끝난 월요일에다
지금 오전 시간이 고객님들이 한꺼번에 집중된 시간대
입니다. 불편을 끼쳐 드리게 해서 죄송합니다(공감).
제가 좀 더 신속하고 정확하게 움직이겠습니다.

상황 (1)에서 직원 1처럼 고객이 화를 내자마자 함께 화를
낸다면 고객은 더욱 흥분할 것이고 소란스러운 상황을 바로 수
습하기 어렵다. 상황 (2)처럼 고객의 숨은 의도가 있는지 공감
하고 파악하려는 성의를 보여주고 그 후에도 고객이 화를 내
면 직원도 강경한 대응을 한다. 다음은 악성고객에 대한 대응
단계[1]이다.

- 대면 폭언에 따른 대응 단계
기업은 악의적으로 다가오는 고객들에게까지 친절할 필요
가 없다는 것을 분명 주지시키고 대응단계를 알려줘야 한다.

---

1 참고: 120 다산콜센터 응대 가이드라인.

1단계: 정중하고 단호한 어조로 중지요청

"고객님, 화가 나셨겠지만 마음을 가라앉히시고 차분히 말씀해 주시겠습니까?"

"고객님의 말씀을 잘 듣고 도움을 드릴 수 있는 방법을 찾아보겠습니다."

"그렇게 말씀하시면 응대가 어렵습니다. 진정하십시오."

2단계: 녹음/녹화를 안내

"폭언을 계속하시면 더 이상 응대하기가 어려우니 지금부터 정확한 상담을 위해 녹음, 녹화를 실시하도록 하겠습니다."

(차후에 분쟁이 발생할 수 있으므로, 폭언 정황을 녹음한 후 파일로 보관한다)

3단계: 폭력/협박 관련 법규위반으로 처벌받을 수 있음을 안내

"고객님의 이러한 말씀과 행동은 상대방에게 모욕감과 공포심을 일으키는 위법행위로 관련 법령에 저촉될 수 있습니다. 이 점 참고하시어 자제 부탁드립니다(형법 제311조 모욕죄)."

(수차례 방문하여 폭언을 반복하는 민원인에게는 관련 법령에 따라 업무방해죄 등으로 처벌 받을 수 있음을 설명한다)

4단계: 책임자 및 보안 요원 등을 호출

"고객님, 필요하시다면 담당 부서 책임자를 불러 드리겠습니다."

(고객의 목소리가 높아지는 등 마찰이 생길 경우, 신속하게 상급자가 개입하여 상황이 악화되는 것을 방지할 수 있다)

5단계: 응대(상담) 종료 안내

"고객님, 제가 더 이상 응대가 어려울 것 같습니다. 흥분을 가라앉히시고 다시 연락 부탁드리겠습니다. 응대를 종료하겠습니다."

6단계: 보고 및 전 직원 내용 공유

증거 자료 및 상황 일지를 작성한다. 상부에 보고하고 전 직원이 내용을 공유하여 사례를 숙지한다.

과거에는 '어떤 경우라도 고객보다 전화를 먼저 끊는 일은 있을 수 없다'라고 전화응대 교육을 했지만 지금은 직접 얼굴을 보고 전화하지 않는 점을 이용하여 직원에게 함부로 막말을 고객이 늘면서 먼저 전화를 끊어도 무관하게 규정이 바뀌었다. 고객과의 통화는 녹음이 된다는 사실을 먼저 알리고 상담을 시작한다. 그리고 폭언이나 욕설, 말장난이 심할 경우 법적조치 안내를 한 후 먼저 전화를 끊을 수 있다.

전화로 폭언하는 고객

콜센터 직원들 중에는 상담 전화를 하며 고객에게서 정신적인 고통과 분노의 감정을 느낄 때가 많다. 상황에 따라서는 엄청난 스트레스를 받고 일을 그만두거나 극단적으로 자살을 선택하는 직원들도 있다. 이러한 안타까운 뉴스를 접할 때면 사람에게서 받는 스트레스가 얼마나 견디기 힘든 것인지를 알 수 있다. 어떤 상담원은 신입사원 시절 자신에게 욕설을 하

며 끈질기게 전화통을 붙잡고 조롱을 일삼은 고객 때문에 트라
우마가 생겨 전화를 받는 것이 자신의 주 업무임에도 전화벨이
울릴 때마다 심장이 내려앉는 것 같다고 한다. 예전에 콜센터
에서 근무한 경험이 있는 차장을 한 명 알고 있다. 한때 예약 부
서에서 근무를 했던 그 차장은 전화로 응대하는 업무가 보람도
컸지만 얼굴을 마주 보며 이야기하는 게 아니기 때문에 함부로
하려는 고객들로 인해 정신적인 스트레스로 많이 힘들었다고
했다. 그 시절 가장 기억에 남는 고객이 있었냐는 질문에 바로
생각나는 고객 한 사람이 있다며 일화를 들려주었다.

::

40대로 추정되는 목소리로, 비가 내리기만 하면 콜센터에
전화를 했던 한 남자 고객이 있었다. 비만 내리면 영락없이 전
화를 걸어온 통에 상담센터 내에서는 그 고객을 모르는 직원이
없었다. 모두 노이로제에 걸려 그 고객의 전화번호만 뜨면 상
담원 모두 전화를 받지 않으려는 기피현상까지 일어났다. 전화
를 받으면 끝날 기미 없이 계속 통화하기 때문에 업무에 방해
되어 결국 직원들의 신경질적인 반응까지 일어나 부서 분위기
가 엉망이 되었다.

여느 때와 같이 비가 내리던 어느 날, 그 차장이 이번엔 자
기가 전화를 받겠다고 자청하여 고객과 통화했다. 다른 직원들
은 대충 전화를 받고 듣는 척하다가 끊을 시점만 찾았었는데
차장님은 이번 기회에 앞으로 더 이상 이런 전화를 걸지 않도
록 조치를 취해야겠다고 마음을 단단히 먹고 고객의 이야기에
집중했다. 대화 초반에는 고객이 이런저런 말도 안 되는 말만
잔뜩 늘어놓았다가 다른 직원과는 달리 차장님이 자신의 이야

기에 집중하는 모습을 느꼈는지 말하는 방식이 점점 달라졌다. 차장님이 전화하면서 궁금했던 점은 '왜 비만 내리면 전화를 걸어서 우리의 업무 방해를 주는가?'였다.

그러다 고객의 직업이 건설 현장 일용직이라고 들었고 비가 내리면 현장에 나갈 수 없어 집에서 쉬기 때문에 심심풀이로 콜센터에 전화를 건다는 걸 알게 됐다. 장난 전화의 원인을 정확하게 알고 나니 그는 '고객님과의 통화는 항상 녹음이 되며 우리 직원들이 많은 피해를 받고 있기 때문에 이런 전화를 계속 한다면 업무 방해죄로 법적 대응을 할 수 있다'고 정중하면서도 단호하게 뜻을 전했다. 그러자 고객은 다행히도 콜센터 입장을 수긍해서 마무리를 지을 수 있었고 후에는 전화를 한 번도 하지 않았다고 했다.

위 사례의 고객은 직원의 말을 이해하고 더 이상 전화를 하지 않아 무리 없이 해결되었지만, 대부분의 악성고객들은 한 번의 말로는 수긍하지 않고 왜 훈계하느냐며 따지기 때문에 단순하게 해결하기 힘들다.

무차별적으로 폭언을 일삼는 고객에게 녹음을 하겠다는 안내와 법적대응을 하겠다는 강경책을 펼치는 것은 고객을 처벌하여 상황을 빨리 종식시키겠다는 뜻만은 아니다. 기업이 악성고객에게 과잉 보상을 자주 하다 보면 손해를 막기 위해 자연히 마케팅 비용도 상승하게 되어 이는 고스란히 소비자 가격을 상승시켜 오히려 일반 소비자들이 피해를 보게 된다. 그런 의미에서라도 악성고객은 애당초 바로 뿌리를 뽑아야 한다. 다음은 전화 폭언에 대한 대응 단계이다.

- 전화 폭언에 따른 대응 단계

통화하면서 폭언을 들어 본 경험이 있다면 직원의 입장에서는 누구라도 전화를 받는 일이 두려울 것이다. 업무 평가에 차질이 생길 것 같아 함부로 먼저 끊을 수도 없는 상황에서 자신이 나약한 모습에 초라함을 느낄 수도 있다. 고객이 막무가내일 경우, 녹음과 법적 조치를 할 수 있음을 안내하는 권한이 생긴다면 일하기가 훨씬 수월할 것이다.

1단계: 정중하고 단호한 어조로 중지요청

"고객님, 화가 나셨겠지만 마음을 가라앉히시고 차분히 말씀해 주시겠습니까?"
"고객님의 말씀을 잘 듣고 도움을 드릴 수 있는 방법을 찾아보겠습니다."
"그렇게 말씀하시면 응대가 어렵습니다. 진정하십시오."
(흥분하면 목소리에 감정이 실리기 때문에 차분하고 정중한 목소리로 말한다)

2단계: 녹음 안내

"폭언을 계속하시면 지금부터 정확한 상담을 위해 녹음을 시작하겠습니다(ARS: 지금부터 상담 내용이 녹음됩니다)."
(차후에 분쟁이 발생할 수 있으므로, 폭언 정황을 녹음한 후 파일로 보관한다)

3단계: 폭력/협박 관련 법규위반으로 처벌받을 수 있음을 안내

"고객님, 공포심이나 불안감을 조성하는 말씀들을 반복적으로 하는 것은 위법행위로 관련 법령에 저촉될 수 있습니다(형법 제283조 협박죄)."

"고객님, 제가 더 이상 응대가 어려울 것 같습니다. 흥분을 가라앉히시고 다시 연락 부탁 드리겠습니다. 응대를 종료하겠습니다."

(통화 중 폭언을 한다면 먼저 끊어도 무관하다)

증거 자료 및 상황 일지를 작성한다. 팀장에게 보고하고 전 직원이 내용을 공유한다.

성희롱을 하는 고객

어느 홈쇼핑 업체의 한 상담원은 고객에게서 성희롱을 당하면 며칠 동안 전화 벨소리에 미리 겁을 먹는다고 한다. 상담원에게 입에 담지 못할 야한 말장난이나 성희롱을 한 고객도 직원에게 정신적으로 육체적으로 심한 피해를 끼치므로 법적으로 처벌을 받는다. 고객이 그럴 의도가 없었다고 해도 직원이 고객의 발언을 듣고 불쾌감이나 수치심을 느낀다면 성희롱에 해당한다. 성희롱은 당한 사람의 입장을 기준으로 판단하기 때문이다. 그러므로 말 한 마디, 행동 하나가 타인에게 불쾌감과 혐오감을 주지 않도록 주의가 필요하다. 과거에는 성희롱 때문에 불쾌감이 들어도 객관적으로 심각한 정도가 아니면 항의하지도 못했지만 지금은 단 한 번의 사소한 성희롱이라도 직원을 배려하고 직원의 입장을 생각하여 고객을 눈감아주지 않고 단호하게 제재할 수 있다.

이에 대한 대표적인 예로는 서울시 민원이나 궁금한 사항을 해결하고자 설립된 '서울 120 전화안내 상담센터'가 있다. 뿐만 아니라 일반 생활 상담을 목적으로 발족한 다산 콜센터도 여기에 포함할 수 있다. 다산 콜센터에서는 교통 서비스를 포함하여 다양한 안내 기능을 수행하게 되면서 보다 많은 시민들이 이용하고 있다. 그러나 전화상에서 상대방에게 자신의 얼굴이 노출되지 않는 점을 이용하여 성희롱하는 일이 많아져 상담원들의 피해가 급증하게 되면서, 이에 기업 차원에서 강력한 보호 장치를 마련하여 직원들의 근무환경을 개선해주고 있다. 친절할 수밖에 없는 점을 이용하여 성희롱하는 악성민원인 때문에 몸살을 앓는 직원들을 정신적으로 편안하게 해주고자 한 것이다.

'원스트라이크 아웃'은 말 그대로 한 번만이라도 위법한 행위를 했을 경우에 경고 없이 바로 법적 처벌이나 제재를 가할 수 있다는 제도이다. 특히 단 한 번만이라도 성희롱을 한 고객에 대해서는 성폭력 범죄 처벌 등에 관한 특례법에 의거, '통신매체 이용 음란죄'를 적용하고 기타 악성 전화에 대해서는 정보통신망이용 촉진 및 정보 보호 등에 관한 법률에 의거하여 공포·불안 유발죄 등 다양한 법 적용을 통해 삼진 아웃제로 법적 조치에 취하는 제도를 운영하고 있다. 성희롱은 남녀고용평등법과 남녀차별금지법에서 처음으로 명문화되었는데 이 규정에 따르면 '업무와 관련해 성적 언어나 행동 등으로 성적 굴욕감을 느끼게 하거나 성적 언동 등을 조건으로 고용상 불이익을 주는 행위'라고 정의하고 있다. 고객들의 요구를 무엇이든지 수용하던 자세에서 기업과 직원에게 피해를 끼치는 고객들에게는 과감하게 강경 대처하는 모습으로 변화했음을 알 수 있다.

- 성희롱에 따른 대응 단계

1단계: 정중하고 단호한 어조로 중지 요청

"고객님, 업무에 관련된 부분에 대해서만 말씀해주시기 바라며 그 외 사적인 부분은 말씀을 자제해주시기 바랍니다."
"고객님의 이러한 말과 행동(신체적 접촉)을 중지해주시기 바랍니다."
(성희롱을 당했다고 생각하면 당황하거나 무안해하기보다는 침착하고 사무적인 표정으로 불쾌감을 강하게 표현해야 한다)

2단계: 성희롱 관련 법규위반으로
처벌받을 수 있음을 안내

"고객님의 행동은(언어폭력) 상대방으로 하여금 성적 수치심이나 혐오감을 일으키는 위법행위로 관련 법령에 저촉되어 처벌받으실 수 있습니다."

3단계: 녹음/녹화 후 안내

"지금부터 정확한 상담 및 신변보호를 위해 녹음 및 녹화가 실시됩니다. 성희롱에 해당될 수 있으니 말을 가려서 해주시기 바랍니다."
(상담 내용이 녹음 녹화되고 있음을 미리 알리고 성적 발언을 반복하지 않도록 억제한다)

4단계: 책임자 및 보안요원 호출

"고객님, 필요하시다면 담당 부서 책임자를 불러 드리겠습니다."

5단계: 응대(상담) 종료 안내

"고객님, 더 이상 응대가 어렵습니다. 응대를 종료하겠습니다."

6단계: 보고 및 전직원 내용 공유

담당자에게 상황을 보고협의 한다. 증거 자료 및 상황 일지를 작성하여 전 직원이 내용을 공유한다.

(성희롱 특성 상 민감한 범죄행위 처벌에 해당하므로 녹음을 미리하고 상황보고, 조치한다)

3. 감정노동

감정노동(Emotional Labor)은 인권 문제

'감정노동'은 1983년에 앨리 러셀 혹실드 교수(캘리포니아 대학교 버클리 캠퍼스 사회학과 명예교수)가 처음으로 사용한 용어로, 싫어도 웃어야 하고 화가 나는 일에도 화가 나지 않은 것처럼 감정을 꾹 억눌러야 하는 승무원들의 업무를 언급하며 사용한 용어다. 우리 사회에는 기분이 나빠도 싫은 내색하지 못하고 자신의 감정을 숨기고 배우가 연기를 하듯이 서비스를 연출해야 하는 직업이 많다. 이들은 자신의 마음을 숨기고 늘 웃어야 하는 일명 '스마일 증후군'에 시달린다. 감정노동자들은 실제 자신이 느끼는 감정과는 별개로 무조건 고객의 말을 수용해야 하며 회사에서 배운 대로 매뉴얼을 수행하며 외부로 잡음이 생기지 않도록 고객이 원하는 대로 끌려가야 한다.

그렇다 보니 자신의 일터에서 근무하는 것이 행복하지 못하고 하루의 반 이상을 보내야 하는 곳에서 불행한 감정을 갖게 되고 인생 자체에 회의감이 드는 것이다. 이런 악순환이 계속되면 감정 형태의 관성이 사라지지 않아서 가정적으로, 사회적으로 많은 문제를 야기할 수 있다. 고객으로부터 상처를 받는 직원들이 언제나 어디서나 배우처럼 과장된 연기를 하고 자신을 숨겨야 한다면 언제 그 감정이 폭발하게 될지 아무도 모른다. 다음은 감정노동자들의 사연이다. 어떤 고초를 겪고 있는지 간접적으로나마 알아보자.

::

　빵집에서 근무하는 한 직원의 일화이다. 생크림 케이크를 구입한 고객이 다음날 다시 와서 화가 난다며 자기 얼굴을 향해 케이크를 집어 던지고 간 일이 있다고 했다. 왜 냉장보관에 대한 말을 해주지 않았느냐고 따지며 케이크가 상한 게 직원 때문이라는 것이다. 포장박스에 냉장보관 스티커가 부착되어 있었고 가게가 바쁜지라 유야무야 말하지 못한 것이 화근이 되었던 것이다. 하지만 필요 이상으로 화내는 고객 때문에 며칠 동안 우울해서 일이 손에 잡히지 않았다.

::

　면세점의 명품 화장품 판매 직원의 이야기이다. 구매를 촉진시키기 위한 목적으로 고객들이 직접 얼굴에 발라 볼 수 있도록 판매대 위에 크림의 뚜껑을 열어서 올려놓았다. 고객 대부분은 자기 얼굴에 바를 수 있는 만큼 소량을 덜어내는데 어떤 고객은 크림 통의 반 정도를 덜어내어 사라지는 것이 아닌가. 그 크림은 한 통에 40여만 원이나 하는 고가의 영양크림이었다. 좋은 취지에서 판촉 활동을 한 것인데 정책을 악용하는 고객이 있는 것이다. 직원은 단호하게 지적하지도 못한 채 웃으면서 고객을 보내야 했다.

::

한 보험회사에 근무하는 직원들은 아침에 문을 열면 오전 9시에 객장으로 출근하고 오후 4시까지 앉았다가 돌아가는 고객 때문에 머리가 아프다. 그 고객이 앉아서 하는 일은 별로 없다. 잡지를 보면서 시간을 때우고 심심하면 번호표를 뽑아서 직원 창구로 가서 반복된 상담을 한다. 가끔은 큰소리로 '내가 십 년 단골 고객인데 이런 취급을 하느냐?'며 언성을 높인다. 급기야 경찰이 출동하여 제재를 했지만 '잡지만 보고 있지 다른 방해를 하지 않는다'고 조용히 말을 하며 경찰까지 당황하게 만든다. 이 고객이 내일도 어김없이 방문할 텐데……. 직원들은 매일 아침이 두렵다.

이런 상황에 노출되어 일하는 직원들은 고객에게 제대로 바른 소리도 한 번 못하고 자신의 감정을 숨기는 감정노동자이다. 산업안전보건법 개정에 의해 2018년 10월 18일부터 감정 노동자를 보호하는 조항이 도입되었다. 이는 감정노동자의 문제를 개인이 해결하는 것이 아니라 사회적으로 관심을 가지고 국가가 나서서 해결해야 한다는 것을 암시한다.

감정노동자를 보호하는 방안

어느 백화점에서 있었던 일이다. 한 고객이 기업 기본 규정을 무시한 채 상품의 무상 서비스를 요구하다가 자신의 뜻대로 되지 않자 직원들에게 무릎을 꿇도록 하여 욕설을 퍼붓는 동영상이 SNS에 퍼졌다. 고객의 횡포가 극에 달한 모습이 담긴 영상이 세상에 알려진 이후, 감정노동자에 대한 사안이 다시금 사회적 이슈로 떠올랐다. 기업을 뛰어 넘어 이제는 정부 차원에서 감정노동자 보호를 위한 산업안전보건법이 시행되고 있다. 기업은 응대 상황에서 벌어지는 고객의 폭언, 폭력, 지나친 행동에 법적 조치를 취할 수 있다는 내용의 '고객 응대 매뉴얼'을 반드시 시행해야 할 것이다.

고객을 직접 만나서 서비스를 제공하는 직원들은 고객이 귀찮게 하더라도 힘든 감정을 숨기고 항상 웃는 모습을 보여야 하는 강박에 시달린다. 심한 경우 대인기피증, 사람에 대한 분노, 적대감 등 정신적 스트레스와 우울증을 겪게 되며 나아가 정신질환 또는 자살로 이어지는 안타까운 일이 발생한다. 이러한 상황은 기업에서 근로자를 위한 스트레스 예방 교육을 의무화하기에 이르렀다.

게다가 이제는 기업을 뛰어 넘어 정부 차원에서 감정노동자 보호를 위한 산업안전보건법 개정에 속도를 내고 있는 실정이다. 2015년, 감정노동자의 인권과 건강을 보호한다는 취지에서 감정노동자 보호에 관한 법률안이 발의되었다. 그만큼 감정노동자의 문제는 개인이 해결할 수 있는 문제가 아니라 사회적으로 관심을 가지고 국가적으로 해결해야 한다는 것을 암시한다.

실제로 이동통신 고객 상담센터에서 일을 하다가 우울증에 시달려 자살을 기도한 직원에게 기업이 700만 원을 배상하라는 판결이 처음 나왔다. 기업이 고객의 부당한 요구로부터 직원을 적극적으로 보호하지 않았다는 것이다. 더 이상 기업과 사회가 감정노동자들에 대해서 방관할 수 없다. 따라서 기업에서는 응대 도중 벌어지는 고객의 폭언이나 폭력, 지나친 행동에 법적 조치를 취할 수 있다는 내용의 '고객 응대 매뉴얼'을 반드시 갖춰야 할 것이다.

☼ tip

기업이 보호하는 감정노동자

✔ 기업 차원에서 해결한다

감정노동은 기업의 문제이다. 정부에서 감정노동자를 보호할 법률개정 방안을 검토하고 있지만, 현실적으로 모든 직원을 정부가 일일이 보호해주기란 어렵다. 일차적으로는 기업에서 직원을 적극적으로 보호해야 한다는 의식을 갖추는 것이 중요하며 직원도 스스로를 방어할 수 있도록 자기 방어권, 자율권을 가져야 한다. 심한 말에 모욕을 느끼면서도 전화를 먼저 끊지 못했던 예전과 다르게 대처해야 한다.

✔ 사회적으로 해결한다

사회적으로 감정노동자의 고충과 문제를 더욱 적극적으로 알리고 방송이나 사회적인 캠페인을 통해서 감정노동자 역시 누군가의 가족이라는 인식을 꾸준히 전파해야 한다. 그들을 대하는 사람들의 태도가 많이 부드러워질 것을 기대할 수 있다. 감정노동자를 배려하고 존중하는 태도 실천하기, 고객의 입장에서 직원에게 감사하기 등 작은 행동이지만 감정노동자들에게 행복함을 안겨 줄 것이다.

✔ 사내평가 시스템을 전환한다

직원들의 일거수일투족을 감시하거나 평가의 차원에서 평가시스템을 가동하는 것이 아니라 처벌이 아닌 개선의 목적으로 평가시스템을 전환한다. 설사 부족하고 미흡한 직원이 있더라도 한 두 번의 평가로 직원에게 피해가 가지 않도록 하며 직원에게 수시로 날카로운 잣대를 들이대어 불안감을 조성하지 않는다.

✔ 회피할 수 있는 권한을 보장한다

기업들은 직원들이 악성고객에게도 친절하게 응대하는 등 총알받이가 되어주기를 원하는 경우가 많다. 그러나 미국만 보더라도 악성고객이 직원을 괴롭힐 때, 직원이 응대하도록 하지 않는다. 즉각적으로 보안 요원이 출동하여 별도의 공간에서 담당 팀이 고객을 대함으로써 접점직원을 보호한다. 물건도 팔고 악성고객도 응대하라고 한다면 너무 가혹하지 않은가! 우리의 직원에게도 '회피할 수 있는 권한'을 보장해주어야 한다.

4. 고객만족 이전에 직원만족을 선행하라

직원을 자유롭게 날게 하라

직원을 보호하고 존중하는 기업들이 늘고 있지만, 여전히 그렇지 않은 기업들도 많다. 고객이 옳지 않아도 외부로 잡음이 나가면 좋을 것이 없으니 직원에게 저항하지 말고 참아 달라 요구하는 것이다. 고객만을 위해 움직이라고 강요한다면 직원은 불만이 쌓일 수밖에 없다. '회사가 우리에게 무엇을 해줬다고 이렇게 강요하는가?'라고 생각해 회사의 지시를 이행하지 않을 수도 있다. 결국 소홀한 서비스로 이어져 고객들의 불만을 양산시킴으로써 고객감소와 기업의 이익을 악화시키는 원인이 될 가능성이 크다. 기업 입장에서 직원은 경제적 자원이자 요소이다. 그러나 다른 관점에서 보면 소비의 주체이기도 하다. 업무 시간 외에는 얼마든지 기업을 이용하는 소비자인 것이다. 경영자가 직원만족에 노력을 기울일 때 만족한 직원이 회사에 고마움과 자부심을 가지고 진심 어린 태도로 고객만족을 창출할 수 있다. 회사가 직원만족을 선행하면 직원은 고객

200

에게 서비스 제공으로 보답하고, 고객은 다시 그 회사를 찾는 선순환이 이루어진다. 성공한 기업을 보면 진정한 고객만족경영은 직원만족이 선행되어야 한다는 원리를 알고 있으며 직접 직원들을 위하고 배려하고 있음을 알 수 있다.

::

미국 인터넷 쇼핑업체인 자포스(Zappos)의 한 상담원이 7시간 이상 고객과 통화한 적이 있었다. 다른 업무를 처리하지 못하고 한 사람에게밖에 신경을 쓰지 못했다. 그런데 이 직원은 '고객을 위해 최선을 다한 우수한 직원'이라며 사무실에 사진이 걸렸다. 자포스의 CEO 토니 셰이(Tony Hsieh)는 기업의 목적이 '최고의 서비스와 고객경험을 제공하는 브랜드'가 되는 것이라 말했다. 즉, 회사가 추구하는 것은 고객과 직원, 협력업체 모두를 행복하게 만드는 것임을 강조한다. 그렇기 때문에 서로를 행복하게 만들어 주는 대상으로 인식하여 회사에서도 직원이 행복한 마음으로 일할 수 있도록 배려하는 것이다.

평소 일할 때마다 상사의 눈치를 봐야 한다거나 회사가 상명하복 구조라면 위 사례처럼 직원이 고객 한 명과 오래 통화를 하는 것은 있을 수 없는 일이다. 오히려 직원의 상담 스킬에 문제가 있다고 지적받았을 것이다. 기업이 직원의 자존감을 살려 주고 근무할 수 있는 분위기가 편안하게 조성될 때 스스로 신이 나서 일할 수 있다. 직원이 자신이 행복감을 느끼고 자신의 업무에 행복해할 때 고객에게 정성을 쏟을 수 있고 이는 기업의 높은 생산성으로 돌아와 덩달아 기업의 성장 가능성도 높아진다. 회사에 만족하지 못하고 항상 불행함을 안고 있는 직원은 언제 회사를 그만 두어야 하나 매번 고민할 것이고 업무 성과에도 좌절감을 맛보기 때문에 비생산적인 일을 한다는 생각에 자신과 직장 모두에 대해 실망감을 갖는다. 그래서 불행한 직원이 근무하는 회사는 이직률이 높은 것이고 행복한 직원이 근무하는 회사는 이직률도 낮고 모두가 선망하는 회사가 된다. 결국 직원 스스로 자기만족, 업무에 보람과 기쁨을 느낄 때 인생 행복지수도 높아질 것이며 이런 사람이 몸담고 있는 직장도 사회로부터 평판이 좋은 기업이 될 수 있다.

::

"즐겁지 않은 것은 의미가 없다." 직원만족을 최우선으로 하는 영국 버진 그룹의 리처드 브랜슨(Richard Branson) 회장의 말이다. 그는 주말이 되면 직원들과 함께 스포츠를 즐기고 해마다 직원들을 자신의 집에 초대해 파티를 즐긴다. 그에게선 직원에게 지시하고 군림하는 경영자의 태도를 찾아 볼 수 없다. 한 번은 에어아시아의 토니 페르난데스(Tony Fernandes) 회장과 한 자동차 경주 포뮬러 원(F1) 순위 내기를 했다. 이 내기에 진 브랜슨 회장은 회사의 여자 승무원이 입는 빨간색 투피스 치마 정장을 입고 직접 기내 서비스를 한 적이 있다. 이 행동은 벌칙을 수행한다는 의미를 뛰어넘어 직원들에게 동질감을 주어 멀게만 느껴진 경영자와의 미묘한 거리 차이를 좁히기도 했다.

브랜슨 회장의 변신으로 직원들은 재밌어했을 것이고 그 때 비행기에 탑승했던 승객들도 잊지 못할 추억의 서비스로 간직하게 되었을 것이다. 이러한 기업의 분위기는 직원들에게 즐거운 자극이 되어 창의성을 키워주고 근무를 하는데 자발적인 동기부여가 된다. 딱딱하고 관료적인 분위기의 기업에서는 상상할 수도 없는 태도이다.

직원을 압박하지 않는다

::

몇 달 전, 한 기업으로부터 전화 모니터링 요청을 의뢰받았다. 회사 임직원들에 대한 전화조사 후, 조사 결과를 바탕으로 전화응대 교육까지 하는 것이었다. 전화 조사는 총 2차수로 계획하여 먼저 1차 조사를 완료한 다음, 1차 전화조사 결과 보고 및 전화 친절교육을 실시했다. 직원들은 '전화가 회사 이미지에 얼마나 많은 영향을 끼치고 있는지, 자신의 전화 서비스 품질을 높이는 것이 얼마나 중요한지'를 공감했다.

강연을 마치고 회사 임원, 담당 직원과 마무리 대화를 나누는 자리에서 1차 조사 결과 중 하위 점수를 받은 직원을 해고할 예정이라는 말을 듣게 되었다. 조사용역을 수행한 사람으로서 그 말을 듣는 순간 매우 당황했고 적잖은 충격을 받았다. 전화 조사는 현재 직원들의 전화 응대 수준을 점검하고 앞으로 향상된 전화 응대를 하는 것이 목적이지 전화 한두 통을 잘못 받았다고 직원을 해고한다는 생각은 아주 위험한 것이라고 말했다. 조사 결과를 직원의 인사고과에 참고로 활용할 수는 있지만, 한 번의 조사 결과가 날카로운 잣대가 되어 직원의 자리를 위협하는 요소가 되어서는 안 될 것이라는 분명한 의견을 전했다.

::

한 기관의 상담원이 고객과 상담을 하던 도중 고객의 질문
이 생소한 분야여서 정확하게 알지 못한다는 답변을 했다가 수
모를 당했다. 고객은 이걸 어떻게 모를 수 있느냐며 게다가 불
친절하기까지 했다고 직원을 해고하라는 글을 홈페이지에 올
렸다. 평소 성실하게 일을 하던 그 직원은 현재 해고가 된 상태
이다. 고객의 입장만 듣고 일 처리를 한 것이다. 해당 기관에서
도 나름대로의 입장과 이유가 있었지만 설득력이 떨어졌다. 당
시 통화 녹음이 보관되어 있지 않아 해고된 직원은 그야말로
마른하늘에 날벼락이었다.

만약 직원이 욕설을 했다거나 고객에게 화를 내면서 협박
조로 말했다면 직원이 분명 잘못한 것이므로 처벌을 피할 수
없다. 하지만 전화상에서 '음성이 무뚝뚝하다, 목소리가 기분이
나쁘다, 직원에게 성의가 느껴지지 않는다' 등의 고객 개인적인
선호도로 직원을 평가한다면 그것은 취향의 문제일 수 있기 때
문에 직원에게만 잘못이 있다고 볼 수는 없다. 고객의 말만 듣
고 섣불리 직원을 문책하는 회사에서는 직원들이 자유로울 수
없다. 평가와 감시의 눈으로 직원을 바라보는 것은 충분히 날
수 있는 새의 자유를 억압하는 것과 다를 게 없다. 그렇다면 직
원이 스스로 날개를 펼 수 있도록 하기 위해서는 어떻게 해야
할까?

☼ tip

직원만족을 위한 방법

✔ 무엇보다 중요한 것은 교육이다

새에게 지금 날지 못한다고 문책하기보다는 더 높이, 더 멀리 잘 날아
갈 수 있도록 훈련을 시켜 멋지고 당당하게 탄생시켜야 하는 것처럼 현
재 직원의 부족한 모습만으로 '넌 안 돼'라며 단정하지 않고 미흡한 부
분을 고쳐나갈 수 있게 꾸준한 교육을 통해 구체적인 방법과 훈련을 제
시하여 기량을 발휘할 수 있도록 한다. 제대로 알려주지도 않고 '알아서
해보라'는 식은 영어 단어 몇 마디 알려 주고 외국인에게 대화를 해보게
하여 스트레스를 주는 것과 같다. 적절한 시기에 직원에게 적합한 교육
을 제공하는 것이야말로 직원을 한층 더 성장하게 할 것이고 기업은 그
로 인해 원하는 성과를 기대할 수 있다.

✔ 긍정적인 팀 정신과 가족 정신을 강조한다

자포스는 직원 교육과정에서 회사가 중요시하는 핵심 방침을 정리하여
기억하기 쉽도록 10개 조항을 만들어서 숙지시켰다. 10개 조항 중 하
나는 '긍정적인 팀 정신과 가족 정신을 조성한다'는 것이다. 기업은 조
직이 원하는 방향과 목표에 다가가기 위해 직원들 스스로 움직이기를
원하지만, 직원을 가족이 아닌 철저히 남처럼 대한다는 것을 느낀다면
회사에서 강조하는 주인의식은 기대할 수 없고 고객에게도 좋은 이미
지를 줄 수 없다. 결국 직원에게서 자발적이고 열정적인 자세를 끌어내
는 것은 직원을 가족처럼 생각하며 보살피는 기업의 직원사랑이다.

✅ 직원에게 보상한다

일을 못하는 직원을 집중적으로 추궁할 것이 아니라 잘하는 직원에게 어떤 보상을 할 것인지 연구하는 것이 활발한 기업 문화를 조성하는 데 큰 도움이 된다. '나도 열심히 하면 저 직원처럼 회사로부터 인정을 받을 수 있다'는 동기 부여가 되어 잘해 보려는 의지가 발동되기 때문이다. 만약 우수한 직원을 인정하지도 않고 관심을 갖지 않는다면 잠재능력마저 사장될 것이다. 잘하는 직원이 보상을 받지 못한다면 '잘해도 그만, 못해도 그만'이라는 의식이 팽배해져 기업은 하향평준화된다.

세계적인 경영학자인 톰 피터스(Tom Peters)는 "평균 이상의 보수는 평균 이상의 성과를 낳고, 평균 이하의 보수는 평균 이하의 성과를 낳는다"라고 했다. 현명한 기업이라면 우수한 직원을 대상으로 보상하는 것에 더욱 열의를 올려야 하며 직원 행복에 더욱 적극적으로 개입해야 할 것이다.

5. 긍정적인 기대감이 긍정적인 결과로 이어진다

::

일전에 우리나라 로펌 업계에서 최고로 평가 받는 법무법인 회사에서 강의한 적이 있다. "최고의 회사로 고속성장하고 인정받기까지에는 경영방식의 노하우가 있을 것 같은데 그게 무엇인가요?"라고 물었다. 이 질문에 '최고의 실력자와 우수한 법조인들이 모여서 일을 하고 있는 회사이다 보니 다른 회사보다 빨리 성장을 할 수 있었다'의 답변을 기대했다. 그러나 예상밖의 답변이 들려왔다. "저희 회사는 직원들의 장점을 키워주는 회사입니다. 특히 대표님은 질책하기보다는 직원의 장점을 발굴해서 그 부분을 많이 키워주려고 노력합니다. 그게 바로 성장할 수 있는 비결"이라고 답한 것이다.

로펌과 같이 지성으로 우수한 인재들이 모인 기업도 서로를 칭찬하고 격려할 때 기업으로 더 크게 성장 발전하며 시너지를 낼 수 있다는 것을 실감하게 되었다. '칭찬이란 내가 생각하는 것보다 훨씬 큰 힘을 발휘하는구나!' 하고 느낄 수 있었다.

이루어지는 힘: 칭찬

칭찬은 상대방의 좋은 점이나 착하고 훌륭한 일을 높이 평가하여 인정하는 것이다. 사람은 누구나 인정받고 싶어 한다. 그리고 자신이 되고 싶은 유형과 되고 싶지 않은 유형을 가지고 있다. 이 두 가지 유형을 '바라는 자기(desired self)'와 '바라지 않는 자기(undesired self)'라고 부른다(Markus & Nurius, 1986). 사람들은 바라지 않는 자기 모습보다는 바라는 자기의 모습을 더 좋아하므로 타인도 자신의 바라는 모습으로 바라봐 주기를 원하고 인정해주기를 바란다. 따라서 기업은 직원들의 장점을 파악하고 칭찬하는 태도로 대해야 한다. 결국 칭찬받는다는 것은 자신이 바라는 모습을 타인으로부터 좋게 인정받았다는 얘기가 되므로 사람들은 칭찬을 좋아하고 그로 인해서 발전하는 것이다.

::

하버드대학교 사회심리학과 교수인 로버트 로젠탈(Robert Rosenthal)은 미국 샌프란시스코의 한 초등학교에서 전교생을 대상으로 지능검사를 실시했다. 검사가 끝난 후 검사 결과와는 전혀 상관없이 무작위로 한 반에서 20% 정도의 학생을 뽑고, 그 명단을 교사에게 전달했다. 그리고 '지적 능력이나 학업성취의 향상 가능성이 높은 학생들'이라고 말하면서 이 사실을 믿게 했다. 무작위로 선정을 한 것이므로 실제로는 다른 학생들과 전혀 다른 점이 없는 학생들이었고 우수한 점도 없었다. 그리고 8개월 후에 다시 이전과 같은 지능검사를 실시했는데 그 결과, 명단에 속한 학생들이 다른 학생들보다 평균 점수가 더 높게 나왔고 뿐만 아니라 학교 성적도 크게 향상되었다. 원래는 비슷한 수준의 평범했던 아이들이었는데 왜 두 번째 검사에서는 다른 아이들보다 훨씬 좋은 결과가 나왔을까?

가능성이 높은 학생 20%에 포함된 학생들은 그들을 대하는 교사의 기대와 격려가 컸기 때문에 아이들은 그에 부응하기 위해서 더 열심히 공부했고 그 결과로 더 높은 성적을 올릴 수 있었던 것이다.

위 연구 결과는 교수의 이름을 따서 '로젠탈 효과'라고 불린다. 우리가 타인에게 기대를 갖고 '잘할 수 있다', '잘한다'와 같이 칭찬과 긍정적인 자극을 주게 되면 실제로 성과가 향상된다. 이런 실험은 학생들은 물론, 모두에게 해당한다. 직장인에게도 칭찬과 인정은 긍정적 기대감으로 행동의 변화를 불러일으킨다. 주위에서 인정을 받으면 사람들은 그런 모습이 되기 위해 심리적으로 내면화시키려는 동기가 생겨서 자발적으로 노력을 하게 되고 긍정적인 행동의 변화를 불러 오는 것이다. 직장에서도 상사에게 인정받고 칭찬을 듣는 직원이 긍정적 행동의 변화를 불러오는 것을 잘 알 수 있다.

어려움을 쉽게 만드는 힘: 신뢰

세계적인 경제 잡지인 미국 『포천(Fortune)』지에서는 1998년부터 매년 '미국에서 일하기 훌륭한 일터 Fortune 100대 기업(The 100 Best Companies to Work for in America)'을 선정하여 발표해 왔다. Fortune 100대 기업으로 일컫는 '일하기 훌륭한 일터(GWP, Great Work Place)'는 로버트 레버링에 의해 창안되었다. 그가 발견한 100대 기업의 공통적 특성은 나름대로의 독특한 기업문화를 가지고 있으며 인간중심의 경영을 실천하고 있고 구성원 상호 간의 신뢰를 조직문화의 가장 중요한 요소로 삼고 있다는 것이다. 이를 바탕으로 100대 기업은 높은 재무성과를 보이고 있어 그만큼 좋은 기업 조건에는 신뢰가 필수임을 증명하고 있다.

신뢰에 대한 중요성은 조선 후기 거상 임상옥의 "장사란 이익을 남기기보다 사람을 남기기 위한 것이다"라는 말에서 그 의미를 알 수 있다. 이 말은 경영자 입장에서는 '경영자에게 직원이 얼마나 중요한 사람'인지에 대해서 생각해 보게 한다. 경영자는 자신의 회사를 위해서 정성과 노력을 다하고 직장 안에서 인생의 2/3를 보내는 직원들이 행복한 시간을 보낼 수 있는 여건과 분위기를 조성하는 데 힘써야 한다. 자기 직원들을 가장 소중히 여기는 마인드, 직원을 철저하게 믿어 주는 신뢰관계가 형성될 때 진정한 고객만족의 기업문화도 형성된다.

::

미국 하와이 주에 있는 카우아이(Kauai) 화산섬의 이야기다. 1954년 당시, 카우아이 섬은 환경이 매우 좋지 못했다. 그곳에는 사회 부적응자, 가난에 찌들고 알코올과 도박에 빠져 있거나 미혼모, 비행청소년들이 주를 이뤘다. 학자들은 이 섬을 중심으로 어떤 요인이 사람들을 사회 부적응자로 만드는지와 사람들이 왜 불행해지는지를 알아보기 위해서 조사를 시작했다. 1955년에 태어난 아기들 중 더 열악한 조건을 가진 201명을 따로 뽑아서 조사 대상으로 정했다. 성장 환경과 조건이 최악인 201명의 아기들은 성장하면서 일반적인 평범한 환경의 아이들보다 점점 더 나빠질 가능성이 높을 것으로 미리 예상을 했고 그들이 40년 동안 성장하여 성인이 될 때까지 어떻게 나빠지는 지의 과정을 지속적으로 관찰해 보기로 했다. 201명 중에서도 72명은 태어날 때부터 열악한 환경이어서 이들은 정상적인 사회생활을 하기는 어려울 것이고 많은 문제를 야기시키는 성인이 될 거라고 예상했다.

하지만 20년 후 그들의 모습은 예상했던 것과는 다른 모습이었다. 오히려 평범한 환경에서 자란 아이들보다 우수한 면모를 지녔고 친구관계나 인간관계도 뛰어났으며 모범적인 생활을 하고 있었다. 학자들의 연구 예상결과를 완전히 뒤엎어 버린 것이다. 이에 당황한 연구조사원들은 어떤 요인이 아이들의 성장과정에서 그들의 인생을 잘 이끌었는지에 대한 재조사를 실시했고 조사 결과, 그들이 성공을 할 수 있는 데에는 결정적인 공통요인이 있음을 밝혀냈다. 이 아이들은 다른 아이들보다 어떤 시련이 오거나 어떤 상황에서도 특히 잘 견뎌내는 힘이 있었다. 이들은 태어날 때부터 부모의 문제가 있고 가정환경도 불우했지만 그런 과정을 아이가 잘 이겨내고 어려운 상황이 오더라도 쉽게 무너지지 않고 오히려 강한 힘을 보여 주었다. 살면서 힘든 과정이 많았겠지만 견딜 수 있는 힘을 가질 수 있게 만든 공통적 요인은 이 아이를 '믿어 주는 사람'이 최소한 한 명은 있었다는 것이다.

변화를 위한 노력

✔ 긍정적인 단어를 사용한다

부모가 자녀에게 '넌 해도 안 될 거야, 너처럼 하면 소용없어'라는 말을 자주 하면 자녀 입장에서는 열심히 하려고 마음먹었다가도 그 욕구가 사라진다. 반감만 생길 뿐이다. 누구나 부정적 의미가 함축된 용어를 반복적으로 듣다 보면 자신감이 떨어지고 변명을 찾게 되며 피해의식에 사로잡힌다. 직장 상사가 부하 직원에게 "또 너야? 안 된다고 했잖아"와 같은 말을 습관적으로 한다면 직원은 스스로 움직이는 것을 두려워할 것이다. 이와 반대로 '넌 잘할 수 있어. 아이디어가 참신해. 우리 함께 하면 좋은 성과를 얻을 수 있을 거야' 이런 말을 들으면 어떨까? 말만으로도 기분이 좋아져 적극적으로 실천으로 옮길 수 있을 것이다.

✔ 기분 좋은 암시를 한다

심리학용어인 피그말리온 효과(Pygmalion effect)를 들어보았을 것이다. 이는 그리스 신화에 나오는 조각가 이름에서 유래했다. 조각가 피그말리온은 여성을 혐오해서 평생 독신으로 살아야겠다고 결심했다. 그는 결혼에는 관심이 없었지만 자신이 그리던 이상형의 여인을 상아로 조각했고 실제 여인처럼 사랑하게 되었다. 옷을 입히고 반지를 끼우고 목걸이도 해주는 등 지극 정성을 다한 것이다. 피그말리온은 제단 앞에서 조각상이 나의 아내가 되기를 간절히 소원한다고 빌었다. 그의 노력을 가상히 여긴 여신(女神) 아프로디테는 여인상에게 생명을 불어넣어 주었다. 이처럼 타인의 기대나 관심으로 인하여 결국엔 결과가 좋아지는 현상, 미래에 그리던 꿈이 언젠가 현실로 이루어지는 현상을 피그말리온 효과라고 한다. 신화는 신화일 뿐이라고 넘길 이야기가 아니다. 사람들은 인정을 받으면 계속 그렇게 되려고 노력한다. 직원들에게 긍정적인 암시와 기대감을 갖는 것은 직원의 자발적인 변화를 끌어내는 특효약이라고 볼 수 있는 것이다.

☼ tip

신뢰가 주는 효과

✔ 인정을 받기 위해서 노력한다

주변에 자신을 믿는 사람이 하나 없다면 모든 것에 무기력해지지만 반대로 누군가 자신을 믿고 있다는 확신을 준다면 어려운 환경과 상황에서도 희망이 생기고 믿음으로 극복할 수 있는 힘이 나온다. 자신을 믿어주는 사람에게 실망시키지 않으려고 최선을 다하고 인정받기 위한 노력을 하게 된다. 관리자와 직원 간에도 이와 같은 신뢰감이 있어야 충성심과 비전을 나눌 수 있다.

✔ 자발적으로 움직인다

상대방이 나에게 믿음을 갖고 있지 않다면 서로의 마음을 숨겨 결국 자신의 능력을 마음껏 펼쳐볼 수 없게 된다. 직원이 상사에게 듣고 싶은 말 중 하나인 '당신을 믿는다'는 부하 직원의 기를 살려 주는 말이다.

이런 격려를 통해 자신감이 충만해진 부하 직원의 에너지는 조직에 활기를 불어 넣는다. 결국 강하게 몰아 부치는 관리자는 직원의 몸을 움직일 수는 있어도 마음을 움직이기는 어렵다. 반면에 신뢰받는 관리자는 마음을 움직여서 자발적으로 행동으로 이어지게 하는 힘이 있다. 이로 인해 조직은 주인의식이 고취되며 신뢰감은 성공의 원천이 된다.

213

6. 일의 의미를 알리고
자긍심을 갖게 하라

일의 의미와 책임감을 부여한다

기업이 진정 원하는 것은 조직이 원하는 방향과 목표에 맞춰 직원들이 자발적으로 100% 힘을 가동시켜 움직여 주는 것이다. 그러나 기업 내부를 들여다보면 자신이 낼 수 있는 힘이 비축되어 있고 능력이 있음에도 최선을 다하지 않는 직원들이 많다는 사실을 알 수 있다.

독일의 심리학자 맥시밀리언 링겔만(Maximilien Ringelmann)은 줄다리기 시합을 통하여 개인의 공헌도 변화를 측정했다. 개인이 당길 수 있는 힘을 100으로 볼 때 2명, 3명, 8명이 되면 당연히 200, 300, 800이 되어야 한다. 하지만 결과는 2명인 경우는 93%, 3명이면 85%, 8명이면 64% 힘의 크기만 작용한 것으로 조사됐다. 집단 속의 사람이 늘어나면 사람들은 자신이 혼자 일할 때보다 노력을 기울이지 않는 것으로 해석할 수 있다. '굳이 내가 하지 않아도 누군가 하겠지'라는 방임적인 생각 때문에 적당히 하는 것이다. 자신의 일이 소중하고 가치 있다고 생각한다면 적당히 처리할 수가 없다.

직원에게 목적이나 의미를 알려주지 않고 회사 행사를 준비시키는 것과 행사의 의미와 중요도를 알려 주고 나서 일을 지시하는 것은 확연히 다른 결과를 낳는다. 전자의 직원은 '당신은 회사가 하는 일에 대해서 알아야 할 필요도, 신경도 쓸 필요도 없고 회사가 시키면 그 일만 준비하면 되는 사람'이라고 생각하게 되어 창의성과 적극성이 떨어진 채 일한다. 괜히 더 해보겠다고 하면 '나서는 사람'으로 찍힐까 봐 오히려 주춤하는 것이다. 이런 회사는 직원의 창의적인 능력과 적극적인 태도를 원하면서도 오히려 그 능력을 발휘하지 못하게 막는 것이다. 기업은 업무의 의미와 가치를 수시로 알려주어 직원의 100% 힘을 최대한 발휘하여 적극적으로 움직일 수 있도록 도와야 한다.

만약 여행사 가이드에게 '당신은 어떤 일을 하는 사람인가?'라고 질문을 했을 경우 그 질문에 대해, 첫 번째 직원은 "저는 애들 학원비도 벌어야 하고 생활도 해야 하니까 일하고 있습니다." 두 번째 직원은 "저는 관광객들을 모시고 여러 유명한 장소를 안내하는 일을 합니다." 세 번째 직원은 "저는 고객들에게 아름다운 장소를 보여 주고 이야기를 해 줌으로써 잊지 못할 추억을 만들어 주는 일을 하고 있습니다"라고 대답을 했다고 가정하자. 고객은 어떤 가이드의 여행사를 다시 이용하고 싶을까? 아마도 자신의 일을 좋아하고 그 의미를 잘 알아서 자부심을 갖는 직원과 함께 여행을 떠나고 싶을 것이다. 세 번째 직원은 자신의 직업에 고객의 개념을 넣고 그 다음 고객에게 미치는 결과와 의미를 부여하여 자신이 하고 있는 일에 대해 바르게 정의하고 있다. 자신의 일에 대한 열정과 자부심을 더 느끼며 프로다운 면모를 보이는 것이다. 이런 모습은 당연히 고객들에게 신뢰감으로 전달된다.

일반적으로 사람들은 자신의 일에 대해서 많은 생각을 하는데 이때 중요한 것은 고객에게 미치는 결과와 가치를 더하여 나의 일과 연관 짓는 것이다. 간단하게 정리하자면, 업무에 가치를 부여하여 자신의 직업의 의미를 생각해 보아야 한다.

① 자신의 업무에 고객의 개념을 넣는다.
② 고객에게 미치는 결과, 즉 가치를 더한다.

위의 가이드의 경우로 생각해보자면

① 자신의 업무 인식-고객에게 여행지 안내
② 고객에게 미치는 결과와 가치-고객들에게 평생 잊지 못할 추억을 선물하는 일

이라는 결과를 도출할 수 있다.

누군가 나에게 무슨 일을 하느냐고 물어 보았을 때 "돈 들어 갈 곳이 많으니까 벌 수 있을 때 많이 벌기 위해서 강의를 하고 있습니다"라고 대답을 한다면 대답하는 내 자신도 보람 없는 비참한 기분이 들겠지만, 물질만능주의인 사람처럼 억척스럽게 보여 상대방에게 신뢰감을 주기 힘들다. 그와는 다르게 "개인에게는 행복한 직장 생활과 사회생활을 할 수 있도록 도움을 주고 기업에게는 고객의 사랑을 받을 수 있도록 도와주는 비즈니스 파트너 역할을 하고 있습니다"라고 대답한다면 나 자신은 일에 더욱 애정이 샘솟고 상대에게는 전문가다운 모습으

로 비칠 것이다. 꾸며서 만들어낸 대답이 아니라 실제로 일에 대한 바른 정의를 하는 것이다. 자신의 일에 대해서 바르게 정의를 내리는 직원들의 개개인의 태도는 고객에게 호의적으로 비쳐짐으로써 기업은 긍정적 평판을 만들어 낸다. 그렇기에 기업은 경영이념과 철학을 통하여 직원이 하는 일이 얼마나 소중한지를 수시로 알려주는 작업을 해야 한다. 다음 사례는 이를 실천하는 기업들이다.

::

교보문고는 단순하게 책을 파는 서점이 아니다. 그들은 '꿈을 키우는 세상! 교보문고'이다. 이는 직원들로 하여금 당신은 책만 파는 사람'이 아님을 분명 주지시키고 있다. 즉 '책을 통해서 우리나라 국민들의 꿈을 함께 키워나가는 희망 대한민국을 만들어 나가는 사람'이라는 비전을 알려 주고 있다. 이는 직원들이 능동적으로 움직여서 고객을 행복하게 만들어 주는 원천이 되어 고객만족경영에 있어서도 매우 효과적이다.

::

『Fortune』지가 선정한 미국에서 가장 일하기 좋은 100대 기업 중 하나인 '티디 인더스트리(TD Industries)'는 모든 직원에게 서로의 업무가 어떻게 연관이 되는지를 알려준다. 이를 들은 직원들은 자신의 성과가 회사 성과 창출에 직결되고 있음을 인식한다. 또한 이런 소중한 일들을 하는 서로를 '파트너'라고 부르는데, 친밀한 상호관계는 고객에게도 자연스럽게 연결되어 개인뿐만 아니라 존경받는 회사가 되는 데 결정적 기여를 하였다.

위와 같은 과정은 자신이 얼마나 중요한 일을 하는 사람인지를 알게 하여 직원의 자존감을 높여주며 열정적인 모습으로 일을 하는 데 도움을 준다. 이처럼 기업은 수시로 직원들에게 자신의 업무의 의미를 알려주고 직원들의 노력에 감사해야 한다. 직원들이 하고 있는 일이 회사 성과에 어떤 도움이 되고 있는지를 알려 주어 자신의 업무와 회사에 대한 자긍심을 갖게 해야 한다.

직원은 기업을 이루는 최고의 자부심이다

어린 시절 주말에 방영되었던 인기 프로그램 〈맥가이버〉를 기억하는 사람이 많을 것이다. 위기의 순간마다 등장했던 '칼'. 바로 스위스 '아미 나이프(Army Knife)'이다.

::

아미 나이프의 대표 제조 회사인 빅토리녹스(Victorinox)에 방문하여 직원에게 직접 들은 이야기이다. 9·11 테러 이후 전 세계 공항 면세점에서 빅토리녹스 칼의 판매가 중단되면서 회사의 매출액이 30% 급감하는 위기가 닥쳤다. 공항에서 판매할 수 있는 경로가 갑작스럽게 막혀 생산라인이 감축되다 보니 자연스럽게 인력도 구조조정이 될 거라 다들 예상했다.

빅토리녹스에서는 직원을 해고하지 않고 주변 회사에 그들을 재취업시킨 다음 그 급여를 직접 지급했다. 시일이 지나 회사 경영이 정상화 궤도에 올랐을 때 직원들이 단 한 명도 빠짐없이 돌아왔다. 직원들의 애사심과 자부심은 엄청났다. 회사

내에는 직원들이 스스로 세운 감사의 탑도 자리하고 있다.

직원이 기업의 최고의 자산이고 직원을 존중하는 회사의 가치관이 오늘날 최고의 기업으로 이르기까지 하는 원동력이 된 셈이다. 외국에만 이런 기업이 있는 것이 아니다. '한국의 구글'이라고 불릴 만큼 직원을 위한 회사로 주목받고 있는 제니퍼소프트. 2013년에는 경기도 내에서 '일하기 좋은 기업'으로 인증됐다. 이곳은 9시부터 6시까지라는 일반적인 회사의 업무 시간이라는 틀을 벗어났는데, 모두들 이 회사를 두고 내부 질서가 제대로 잡힐지, 운영이 원활하게 될지 우려했다. 그러나 APM(Application Performance Management, 애플리케이션 성능관리) 시장에서 단숨에 65% 점유율을 기록하고 해외 여러 나라와 글로벌화 전략을 맺는 실적 등으로 주위를 놀라게 했다. 과연 직원들은 어떤 근무환경에서 일하고 있을까?

∷

한 방송사에서 '제니퍼소프트'를 취재했다. 사무실에는 대표 홀로 남아서 일을 하는 모습이 잡혔다. 직원들은 수영장에서 운동을 하고 있었지만 대표는 별로 개의치 않는 것이다. 직원들 각자 주도적으로 일하고 있다는 것을 믿고 있다고 했다. 그리고 제니퍼소프트의 대표는 회사 업무보다 중요한 것이 가정이라는 것을 강조한다.

업무 중 집에서 전화가 오면 빨리 끊어야 하는 일반적인 직장 분위기와 달리 전화를 편안하게 받아야 하는 것이 당연하고 통화하고 나서 다시 일에 집중하면 된다는 것이다. 휴가를 갈 때에도 눈치를 볼 필요가 없다. 만약 날씨가 너무 좋아서 쉬고 싶다면 미리 휴가계를 제출하지 않아도 된다. 그저 당일에 사내 메일을 통해 전 직원들에게 "저 휴가 갑니다"라고 전송하여 휴가를 쓰겠다고 알리면 끝이다.

경직되어 있지 않고 형식을 따지지 않는 기업의 모습이다. 자유로운 근무환경 안에서 직원 각자 자율적으로 책임감을 끌어 올려 효율적으로 일하며 회사 성과를 내는 것이다. 회사의 채용정보 중 '인연을 소중하게 여기며 만남을 운명처럼 생각하겠습니다. 한 분 한 분 소중하게 검토하고 그렇게 인연으로 모시겠습니다'라는 문구에서 직원의 소중함을 여실히 느낄 수 있다. '구성원들과 함께 성장할 수 있는 기업만이 살아남아야 한다'는 경영마인드를 실천하여 직원의 만족한 직장생활과 연결되도록 하는 기업가 정신이 모두에게 교훈이 되고 있다.

'직원이 행복해야 회사가 행복하고 고객이 행복할 수 있다.' 서비스 교육 현장에서 기회가 될 때마다 수시로 강조하는 말이다. 그러나 아직도 직원을 행복하게 만들기 위한 방법에는 비용이 든다는 생각으로 난색을 표현하는 경영자가 많다. 금전적 보상이나 비용을 지불하는 것은 물론이고 정신적인 위로나 보상조차 '직원에게 투자하는 것은 아깝다'는 생각으로 직원만족에 최선을 하지 않는 것이다. 이렇게 되면 자연스레 직원은 자신을 단순히 고용된 사람, 회사에서 비인격적으로 취급되는 사람으로 생각하여 불만을 갖는다. 분위기는 점점 침체되고 의욕이 저하되며 회사에 대한 자부심 또한 떨어진다. 나아가 자기 업무에 최선을 다하지 않기 때문에 기업에 더 큰 손실을 입히는 결과를 가져온다.

직원만족에 대한 관심과 투자는 장기적으로 큰 이익이 된다. 기업이 직원만족에 정성을 다한다면, 회사에 만족한 직원이 최선을 다해 고객에게 서비스를 하여 자신이 회사에서 받은 혜택보다 더 많은 이익으로 되돌려준다.

마지막으로 직원의 행복을 높이려면,

- 잘했을 때에는 진심으로 칭찬하기
- 서로에게 관심을 가지고 존중하기
- 누구에게나 발언권은 공평하기
- 실수를 하면 비난보다는 격려하고 잘 가르쳐주기
- 직급에 관계없이 직원의 의견을 잘 들어 주기
- 서로가 발전할 수 있도록 협력하기
- 일에 몰두할 수 있도록 편안한 분위기 조성하기
- 우리의 만남은 소중하고 좋은 인연임을 알기

이와 같은 정신적인 요소를 강조하고 싶다. 진정한 고객만족경영을 위해 기업과 경영자가 직원만족에 대해 더욱 관심을 가지고, 이를 증진시키기 위한 보다 적극적인 자세와 역할을 기대해 본다.

지금 여러분의 직장생활은 행복한가?

> 불만고객 응대와 악성 민원 응대 요령, 감정노동자의 보호방안 등은 저자가 현장에서 일하면서 여러 논문과 신문, 책 등과 같은 각종 관련 자료를 통한 연구와 개인의 교육 경험을 바탕으로 쓴 내용입니다. 절대적인 기준이 될 수 없으며 귀사와 개인의 환경에 맞게 적용하여 활용하시기 바랍니다.

고객
만족의
정석

20년 현장의 고수가
짚어주는
리얼 마케팅 기술

개정판 1쇄 인쇄 2019년 6월 3일
개정판 1쇄 발행 2019년 6월 10일

지은이   강희선
펴낸이   이준경
편집장   이찬희
편집팀장   이승희
편집   이가람, 김아영
디자인부장   강혜정
디자인팀장   정미정
디자인   정명희
마케팅   정재은
펴낸곳   (주)영진미디어

출판 등록   2011년 1월 6일 제406-2011-000003호
주소   경기도 파주시 문발로 242 파주출판도시 3층 (주)영진미디어
전화   031-955-4955
팩스   031-948-7611

홈페이지   www.yjbooks.com
이메일   book@yjmedia.net
ISBN   978-89-98656-86-7 03320
값   14,000원

이 도서의 국립중앙도서관 출판예정도서목록(CIP)은 서지정보유통지원시스템 홈페이지(http://seoji.nl.go.kr)와
국가자료공동목록시스템(http://www.nl.go.kr/kolisnet)에서 이용하실 수 있습니다. (CIP제어번호: CIP2019021013)